KB206060

부모 거듭남

메타버스 세대를 교육하기 위한
30가지 부모 질문

부모 거듭남

주경훈 지음

꿈이있는 미래

프롤로그

메타버스 세대를 위한
기독 부모의 거듭남

4차 산업시대 초입에 벌어진 코로나19 사태는 사회 전반에 변화를 가속시키고 있습니다. 세상은 빠르게 변할 뿐만 아니라 또 다른 세상을 만들어 냈습니다. 바로 메타버스(Metaverse)입니다. 메타버스란 가공, 추상을 의미하는 '메타'(meta)와 현실 세계를 의미하는 '유니버스'(universe)의 합성어로 3차원 가상 세계를 의미합니다. 쉽게 말해서 가상현실의 확장 버전이 메타버스입니다. 영화 「아바타」와 「레디 플레이어 원」을 보셨다면 쉽게 이해할 수 있을 것입니다. '싸이월드'가 메타버스의 효시격이라고 할 수 있습니다.

메타버스는 관심 없는 사람에게는 없는 세상입니다. 아마도 메타버스라는 단어를 처음 듣는 사람도 있을 것입니다. 하지만 관심을 가지고 뉴스와 언론, 기사를 살펴보면 하루에도 몇 번씩 메타버스라는 단어를 만나게 됩니다. 이제 다음세대는 메타버스 안에서 공부하고, 교제하고, 게임하며, 창직(創職)을 통해 돈을 벌게 될 것입니다.

유튜브는 2020년 기준 약 20억 명의 월간 사용자를 보유하고 있습니다. 매분 약 500시간의 동영상이 업로드되고 있습니다. 페이스북에는 2019년 기준 매일 하루 15억 6,000만 명이 접속한다고 합니다. 페이스북의 가치는 이미 도요타보다 앞섰습니다. 사람을 만나러 가는 데 사용하는 자동차보다 온라인 공간에서 사람과 소통하는 페이스북에 사람들이 더 몰리기 때문입니다. 메타버스 공간은 실제보다 더 실제 같은 공간이 되었습니다. 세계 최고의 기업들은 메타버스 세상을 만들기 위해 전력 질주하고 있고, 다음세대는 메타버스라는 단어를 쓰지는 않더라도 이미 메타버스 안에서 살아가고 있습니다.

성균관대학교의 최재붕 교수는 다음세대를 '스마트폰이 낳은 신인류'라는 뜻의 포노 사피엔스(Phono Sapiens)라고 표현했는데, 이제는 메타 사피엔스(Meta Sapiens)라고 불러야 할 것입니다.

그렇다면 메타버스 시대 속에서 다음세대를 어떻게 하나님 나라의 제자로 교육해야 할까요? 『디지털 바벨론 시대의 그리스도인』에서 저자 데이비드 키네먼(David Kinnaman)과 마크 매틀록(Mark Matlock)이 던진 물음이 우리의 질문이 되어야 합니다.

"오늘날 그리스도인들은 과거 바벨론에서 살던 유대 포로들처럼 디지털 바벨론 문화 속에 살면서 수많은 고민과 갈등을 안고 살아가고 있다. 이런 바벨론 문화 속에서 그리스도인들은 어떻게 살아야 할까?"(『디지털 바벨론 시대의 그리스도인』, 생명의말씀사)

기독교 교육 역시 팬데믹과 함께 그 중심축이 온라인으로 옮겨졌습니다. 교회마다 방송 촬영이 가능한 공간을 마련하고, 간단하게라도 촬영할 수 있는 장비를 발 빠르게 갖추고 있습니다. 교육환경의 변화에 따라 선호하는 교육부서 사역자의 역량도 달라져서 이제는 영상 편집 및 유튜브 방송에 유능한 사역자를 선호합니다. 오프라인 중심의 기독교 교육이 불과 2년 만에 온라인 중심의 교육으로 피보팅(pivoting) 하였습니다. 교육환경이 빠르게 변해 가는 이때 다음세대를 어떻게 교육해야 할까요?

본 책은 2020년 1월 팬데믹 이후부터 이와 같은 고민에 대한 답을 찾고자 분투하는 가운데 기록되었습니다. 지난 2년간 「주만나」(꿈이있는미래 큐티책)에 매월 실던 교육 칼럼의 내용을 주제별로 묶고 내용을 수정하여 책으로 탄생하였습니다. 꿈이있는미래 소장으로 사역하면서 팬데믹 이후에 다음세대 교육의 방향에 대해서 깊이 고민했습니다. 그리고 찾은 단어가 '부모 거듭남'입니다. 기독교 교육에서 부모 역할에 대한 강조는 아무리 해도 지나치지 않습니다. 제가 이 주제에 대해 정리한 『원포인트 통합교육』(두란노)에서 충분히 논의했습니다. 교회와 가정이 연합해야 하는 당위성과 그 구체적인 방법이 궁금하다면 참조해 보시기 바랍니다. 『부모 거듭남』에서는 위드 코로나 이후에 기독교 교육에 있어서 절대적으로 필요한 부모의 역할에 대해서 제시했습니다. 부모는 자녀에게 최고의 인플루언서(Influencer, 영향력을 행사하는 사람)입니다. 부모의 모든 말과 행동은 자녀 교육에 절대적인 영향을 미칩니다. 특별히 부모의 삶은 자녀에게 성경 주석이 됩니다. 자녀는 부모의 삶을 통과하여 성경을 보고 그 내용을 이해합니다. 부모의 삶이 성경과 분리될수록 자녀는 성경을 덮어 버릴 것입니다. 반대로 부모의 삶이 성경과 일치할수록 자녀는 성경을 창(window)으로 삼아 세상을 바라볼 것입니다.

부모는 두 번 거듭나야 합니다. 한 번은 개인적으로 예수님을 만나 거듭나는 것입니다. 두 번째 거듭남은 기독 부모로서 교육관이 거듭나야 합니다. 예수님을 믿어 거듭난 부모라 할지라도 교육관이 거듭나지 않아서 세상 교육관을 지니고 있다면 자녀를 예수님의 제자로 교육할 수가 없습니다. 메타버스 세대인 다음세대를 예수님의 제자로 교육하기 위해서는 약간의 노력으로는 불가능합니다. 기독교적 교육관으로 거듭난 부모만이 메타버스 세대 자녀를 제자화할 수 있습니다.

저는 부모 거듭남을 세 가지 분야에서 제시하고자 합니다. 교육의 거듭남, 관계의 거듭남, 가정의 거듭남이 그것입니다. 메타버스 세대를 교육하기 위한 다양한 방법이 시중에 쏟아져 나오고 있습니다. 하지만 그 방법이 무엇이든지 간에 부모가 교육, 관계, 가정에서 거듭나지 않으면 지속적인 교육의 효과를 기대하기 어렵습니다. 바라기는 졸작이지만 본 책을 통해서 한 가정이라도 거듭나기를 소망합니다.

> "예수께서 대답하여 이르시되 진실로 진실로 네게 이르노니 사람이 거듭나지 아니하면 하나님의 나라를 볼 수 없으니라" 요 3:3

2022년 4월 주경훈

추천사

'아이는 부모의 거울이다'라고 말합니다. 부모의 생각과 열망이 가감 없이 자녀에게 투영된다는 의미입니다. 그래서 언제나 부모 교육이 자녀 교육보다 우선시되어야 합니다. 자녀가 어떤 사람이길 희망하기 이전에 부모가 어떤 사람이 되어야 할지 고민하고 질문해야 할 것입니다. 『부모 거듭남』은 메타버스 세대와 믿음의 가정을 세우기를 소망하는 부모라면 반드시 일독하기를 권해드립니다. 이 시대의 고민과 질문이 매우 시의적절하게 모여있기 때문입니다.

– 곽상학 목사(다음세움선교회 대표)

『부모 거듭남』. 책 제목이 우리에게 강렬하게 다가옵니다. 기독 부모로서 교육관이 거듭나야 한다고 역설하는 저자의 외침이 부모인 우리 마음에 큰 도전의 울림과 새로운 깨달음을 줍니다. 교육 전문가인 주경훈 목사가 가정의 신앙교사로서 부모가 온전히 세워질 수 있도록 귀한 책을 출간한 것을 진심으로 축하드리고 마음 깊이 응원합니다. 좋은 부모가 되기를 원하는 모든 분에게 이 책을 강력하게 추천합니다.

– 김성중 교수(장로회신학대학교 기독교교육과, 기독교교육리더십연구소 소장)

4차 산업혁명 시대, 디지털 세상은 너무나 멋져 보입니다. 그러나 부모가 시대적 흐름을 읽지 못하고, 자녀를 제대로 양육하지 못하면, 자녀들을 '디지털 바벨론'에 갇혀 살게 할 수밖에 없습니다. 주경훈 목사가 저술한 『부모 거듭남』은 '단순한 고민'을 넘어 '어떻게 자녀를 디지털 바벨론 속에서 올바르게 양육'해야 할지 선명한 '신앙의 로드맵'을 보여 줍니다. 자녀를 온전히 양육하길 원한다면, 이 책을 집어 들고, 펼치면 됩니다. 이 책을 다음세대 목회자, 교사, 그리고 자녀를 둔 부모에게 적극 추천합니다!

– 김영한 목사(Next 세대 Ministry 대표 및 품는교회 담임)

이곳저곳에서 다음세대가 위기라고 합니다. 하지만 틀린 말입니다. 부모가 위기입니다. 하나님에 대한 믿음이 있다고 하나 세상 교육관을 가진 부모가 문제입니다. 부모의 교육관이 거듭나면 다음세대는 믿음의 세대가 될 것입니다. 거듭나기를 원하는 부모, 자녀 교육에 대한 명확한 방향을 잡길 원하는 부모, 말씀 안에서 가정을 세우길 원하는 부모는 이 책을 꼭 읽어 보시길 바랍니다.

– 김은호 목사 (오륜교회 담임, 꿈이있는미래 대표)

팬데믹과 메타버스 시대의 도래는 다음세대 신앙교육의 중심축을 교회에서 가정으로 완전히 옮겨 놓았습니다. 이에 따라 교육의 주체인 부모와 교회는 새로운 틀의 밑그림을 그려야 하며 이 책은 가정이 중심이 된 신앙교육에서 부모가 무엇을 해야 하는지에 대한 완벽한 청사진을 제공합니다. 처음 가는 길이라 두려울 수 있습니다. 그렇다면 『부모 거듭남』이 제시하는 세 가지 거듭남을 따라가 보기 바랍니다. 자녀들 앞에 신앙 인플루언서로 서 있는 자신을 발견하게 될 것입니다!

– 김재우 교수(백석대학교 기독교학부)

코로나19로 인해 활성화된 메타버스 시대는 모든 분야에서 근본적인 변화를 요구하고 있습니다. 메타버스 시대의 신앙교육은 가정의 부모가 교육의 주체로 변화되어야 하는데, 『부모 거듭남』은 그 구체적 매뉴얼을 소개합니다. 주경훈 목사는 다양한 교육이론을 개발, 적용하면서 한국교회교육의 새로운 대안들을 제공합니다. 그 과정에서 체득한 노하우를 집대성한 『부모 거듭남』은 메타버스 시대에 효과적인 신앙 전승을 위한 부모의 역할을 잘 설명합니다. 기쁜 마음으로 일독을 권합니다.

- 김현철 목사(행복나눔교회 담임, 『메타버스 교회학교』 저자)

자녀들은 부모가 보여 주는 만큼 변화되고 성장합니다. 주경훈 목사가 저술한 『부모 거듭남』은 교회교육의 전문가인 저자의 부모를 향한 진솔함과 진심 어린 외침이 있는 부모교육서입니다. 30가지의 부모 질문을 하면서 줄탁동시의 마음으로 거듭남을 경험하리라 믿으며 모든 부모님이 꼭 일독하시기를 강력히 권합니다.

– 박호근 원장(『머리 아픈 부모 가슴 아픈 자녀』 저자, 진새골 사랑의 집 원장)

부모의 거듭남과 삶을 통해 다음세대가 믿음을 전수받는 것은 성경의 일관적인 정언명령이었습니다. 대홍수 전의 노아에게도, 믿음의 조상 아브라함에게도, 가나안 땅을 앞에 둔 출애굽 부모세대에게도, 통일왕국의 다윗에게도, 바벨론 유수의 부모세대에게도, 그리고 초대교회 믿음의 부모들에게도 하나님의 관심은 먼저 말씀 맡은 자였던 부모들이 하나님의 말씀 앞에서 먼저 거듭나는 것이었습니다. 부모 거듭남을 통해서만 자녀세대를 향한 하나님의 역사와 부흥은 시작되고 지속됨을 선언하는 주경훈 목사의 책 『부모 거듭남』은 한국교회가 다시금 하나님 말씀 안에서 다음세대 부흥의 정언명령길을 되찾는 데 친절한 신앙안내서가 될 것이라 확신합니다.

– 신형섭 교수(장로회신학대학교 기독교교육)

네, 이 말이 정답입니다. 부모들만 거듭나게 된다면, 다음세대 사역은 코로나19 위기를 쉽게 극복할 줄 믿습니다.

– 이정현 목사(청암교회 담임, 개신대학원대학교 겸임 교수)

다음세대 사역은 가정사역입니다. 가정의 문제가 청소년의 문제가 되고 청년의 문제가 됩니다. 코로나19로 인해 자녀들이 가정에 머무는 시간이 길어졌음에도 불구하고 부모님들이 자녀들을 신앙적으로 양육하는 일을 어려워합니다. 이런 상황에 주경훈 목사의 『부모 거듭남』은 목마른 영혼에 생수와 같은 역할을 할 수 있다고 확신합니다. 교회들도 부모들을 자녀들의 영적 스승이자 롤 모델로 준비시키는 일에 큰 도움을 받을 수 있을 것이라 믿습니다. 귀한 책의 출간을 축하드리며 기쁨으로 추천합니다.

– 윤은성 목사(어깨동무학교 교장, ARCC 연구소 대표)

코로나19는 한국교회의 다음세대 사역을 붕괴시켰습니다. 그러나 실상은 이미 붕괴되고 있었고, 그 붕괴의 원인은 외부적 요인이 아니라 부모의 비신앙적인 삶과 가정의 세속적 문화, 세속적 자녀 교육관이 주요 원인이었습니다. 어떻게 해야 할까요? 『부모 거듭남』은 부모들이 예수님을 자신의 구세주로 영접하여 거듭난 존재가 된 후에 또 하나의 거듭남이 필요함을 강조합니다. 다음세대 신앙전수를 위한 핵심을 명확하게 알려 주는 최고의 지침서를 만나게 되어 감사하고 기쁜 마음으로 추천합니다.

– 전경호 목사(다음세대코칭센터 대표, 신성교회 다음세대 사역 총괄)

사랑하는 사람을 위해 요리를 준비할 때 필요한 식재료를 준비하는 일은 매우 중요한 일입니다. 우리는 종종 그 식재료를 마트나 시장에 가서 구입합니다. 하지만, 가끔은 사랑하는 사람을 위해 직접 밭으로 나가 손수 농사지은 것으로 식탁을 차릴 때 진정한 사랑과 열정을 느낄 수 있습니다. 『부모 거듭남』은 그런 책입니다. 현장 목회자이며 교육학자이기도 한 저자가 한국교회의 다음세대를 사랑하는 마음으로 이론에 국한되는 마트나 시장이 아닌 직접 논밭인 현장에서 농사짓는 농부의 마음을 담아 가꾼 결과를 수줍지만 소중하게 내놓은 책입니다. 다음세대를 섬기는 마음을 인스턴트 지식이 아닌 텃밭에서 직접 농사지으며 터득한 지식들로 표현해 낸 『부모 거듭남』이 다음세대들에게, 또한 그들을 섬기는 모든 이들에게 하나님의 말씀이 집밥처럼 삶 속에 스며들게 되기를 소망합니다.

– 전병철 교수(아신대학교 교육미디어커뮤니케이션 학부장, ARCC 연구소장)

주경훈 목사의 신간 『부모 거듭남』은 메타버스 시대에 부모의 역할이 중요하다는 것을 강조합니다. 그동안 저자는 성경적 가정상을 피력해 왔고, 이것을 위해 '부모의 거듭남'이 필수라는 사실을 이번 신간에서 진솔한 목소리로 말하고 있습니다. 이 책은 성경을 바탕으로, 학자들의 견해와 통계자료, 궁금증과 대답을 명쾌하게 제시합니다. 이 시대 자녀 양육에 꼭 필요한 책이라 확신하며 기쁨으로 추천합니다.

– 최관하 교사(『울보선생』 저자, 영훈고등학교 교사)

차례

PART 1

교육의 거듭남

"마땅히 행할 길을 아이에게 가르치라
그리하면 늙어도 그것을 떠나지 아니하리라"
- 잠 22:6 -

"하나님이 완전함이라고는 찾아볼 수 없는 이 작은 아이를 흠투성이인 부모에게 맡기셨으니, 모름지기 부모라면 주의 교훈과 훈계로 주의 훈련과 가르침으로 사랑하고 훈련하고 가르치고 양육해야 마땅합니다. 이는 중대한 책무입니다. 이보다 더 높은 부르심은 없습니다."

엘리자베스 엘리엇(Elisabeth Elliot),
The Shaping of a Christian Family : How My Parents Nurtured My Faith

메타버스 세대를 교육하기 위한 30가지 부모 질문

부모 거듭남

교육열과 입시열

초등학생 아니 그 이전부터 우리 아이들은 입시를 위한 준비를 시작합니다. 온 가족이 아이 교육에 열을 올리고 학업 성취도가 좋으면 가족 전체가 기뻐하고 그렇지 않으면 아이에게 부담을 주어 이 문제로 아이뿐 아니라 부부관계까지 병이 듭니다. 과연 기독교인은 자녀를 어떤 마음을 갖고 교육해야 할까요?

우리나라는 어느 나라보다 교육열이 높습니다. 그런데 이 말은 바뀌어야 합니다. 우리나라는 '교육열'이 높은 것이 아니라 '입시열'이 높은 것입니다. 흔히 말하는 SKY 대학을 가기 위한 3대 조건이 있다고 합니다. 할아버지의 재력과 어머니의 정보력, 그리고 아버지의 무관심이 당락을 결정한다는 것입니다. 하지만 이 말도 이제는 틀렸습니다. 한때 큰 인기를 모은 「SKY 캐슬」이란 드라마에서 극중 입시생의 아버지 차민혁은 "바야흐로 바짓바람의 시대가 온 거죠"라고 말했습니다. 실제로 젊은 아버지들은 이전의 아버지들과 다르게 자녀 교육에 적극적이란 통계가 나오고 있습니다. 교육에 있어서 아버지의 관심과 역할이 많아졌다는 것은 반가운 소식이지만 '교육=입시'라는 등식이 머릿속에 자리잡고 있는 한 진정한 교육이 이뤄지기는 힘들 것입니다. 교육에서 입시라는 단어를 걷어 내야 그때부터 진짜 교육을 할 수가 있습니다.

그렇다면 무엇을 교육해야 할까요? 하나님은 75세의 노인, 갈대아 우르에 살고 있던 아브라함을 부르셨습니다. 그리고 그를 통해서 민족을 이루셨습니다. 왜 하필이면 아브라함일까요? 그의 어떤 면 때문에 하나님이 그를 선택하신 걸까요? 성경은 다음과 같이 말합니다.

> "내가 그로 그 자식과 권속에게 명하여 여호와의 도를 지켜 의와 공도를 행하게 하려고 그를 택하였나니 이는 나 여호와가 아브라함에게 대하여 말한 일을 이루려 함이니라" 창 18:19

하나님은 무작위로 아브라함을 골라 부르신 것이 아닙니다. 아브라함을 '알고' 부르셨습니다. 그를 통해서 기대하는 바가 있었기에 부르셨습니다. 아브라함이라면 그의 자녀들에게 여호와의 도를 잘 가르치고 공의와 정의를 행하게 할 것이라고 믿었기 때문입니다. 이 기대는 비단 아브라함에게만 해당되는 게 아닙니다. 하나님은 이 기대를 모든 부모에게 가지고 계십니다. 그러므로 모든 부모는 자녀를 향해서 '좋은 대학에 가는 아이', '말 잘 듣는 아이' 그 이상의 목표를 세울 수 있어야 합니다. 이것이 부모가 자녀를 하나님의 말씀을 따라 살아가는 경건한 자로 교육해야 하는 이유입니다.

구약성경의 마지막 책인 말라기는 부부간의 회복을 언급합니다.

> "그에게는 영이 충만하였으나 오직 하나를 만들지 아니하셨느냐 어찌하여 하나만 만드셨느냐 이는 경건한 자손을 얻고자 하심이라 그러므로 네 심령을 삼가 지켜 어려서 맞이한 아내에게 거짓을 행하지 말지니라" 말 2:15

하나님이 부부를 만드신 이유 역시 경건한 자손을 얻기 위해서입니다. 그러므로 부부는 마음을 같이하여 자녀가 경건한 자손이 되도록 교육해야 합니다. 교육의 목적을 이루는 교육의 방법 역시 하나님의 방법대로 해야 합니다.

> "또 아비들아 너희 자녀를 노엽게 하지 말고 오직 주의 교훈과 훈계로 양육하라" 엡 6:4

부모는 최선을 다해서 교육하는데 왜 자녀들은 교육 때문에 힘들고 불행하고 좌절합니까? 그런 자녀를 보면서 왜 부모는 자녀에게 섭섭하고 화가 나고 때로 미안합니까? 교육의 목적이 잘못되었기 때문입니다. 물론 입시는 중요합니다. 하지만 입시가 교육의 전부는 아닙니다. 하나의 과정일 뿐입니다. 입시조차 경건한 자손을 얻기 위한 도구가 되어야 합니다. 하나님의 방법대로 준비하고, 하나님의 방법대로 선한 경쟁을 할 수 있어야 합니다.

잠시 생각해 봅시다. 교육에서 입시라는 단어를 지워 봅시다. 그리고 하나님께서 내 자녀를 어떻게 교육하길 원하실지 생각해 봅시다. 떠오르는 부분을 오늘 실행해 봅시다. 분명 값진 교육의 현장이 될 것입니다.

자녀와 친구 되기

부모와 자녀는 가족이란 이름으로 많은 것을 나누고 함께하지만, 가족 구성원 간에 세대차이가 있어서 그런지 마음먹은 것처럼 아이들과 소통하고 친해지기가 쉽지 않습니다. 아이와 어떻게 해야 친밀하게 지내고 소통할 수 있을지 고민입니다.

2010년부터 시작된 영화 「드래곤 길들이기」 시리즈가 2019년 3편을 마지막으로 그 대단원의 막을 내렸습니다. 아이들이 보는 만화 영화이지만 어른인 제가 보아도 충분히 공감되고 감동적인 작품이었습니다. 내용을 간략히 정리하자면 다음과 같습니다.

바이킹들이 살고 있는 버크 섬에서 '히컵'은 촌장의 아들로 태어났지만 인정받지 못한 아이였습니다. 버크 섬의 사람들은 용 사냥꾼이 되는 것을 꿈꾸며 용을 잡기 위한 훈련을 열심히 해 왔습니다. 왜냐하면 용들이 자신들의 식량을 잡아 간다고 생각했기 때문입니다. 하지만 히컵은 '투슬리스'라는 용과 특별한 만남을 갖게 된 후 용을 전혀 다른 방식으로 대하기 시작합니다. 전쟁이 아닌 공존을 위해 용을 죽이기보다는 길들이려고 한 것입니다. 언제나 무시당하기만 하던 히컵은 그렇게 용과 함께 성장하며 당당한 버크 섬의 족장이 됩니다. 그리고 사람과 용은 싸우는 대신 공존하게 됩니다.

가슴 따뜻해지는 영화입니다. 하지만 영화를 보는 내내 영화 제목을 이렇게 바꾸면 어떨까 생각했습니다. 「드래곤과 친구 되기」. 물론 드래곤과 전쟁을 벌이는 것보다는 길들여서 함께 사는 것이 좋을 것입니다. 하지만 영화가 강조하는 것은 결국 드래곤과 친구가 되는 것입니다. 영화는 길들이기 힘든 드래곤과도 얼마든지 친구가 될 수 있다는 것을 말해 줍니다.

첫째 아이가 태어난 날, 저는 아빠가 되었습니다. 그 순간부터 이런 다짐을 했지요. '딸과 친구 같은 아빠가 되어야지.' 내가 원하는 아이로 만들기 위해 아이를 길들이는 것이 아니라 아이의 친구가 되고 싶었습니다. 하지만 아이가 자랄수록 친구 같은 부모가 된다는 것이 얼마나 어려운 일인가를 깨닫습니다. 친구 같은 부모가 되겠다 했을 때 방점은 아이와 친밀감에 있습니다. 하지만 부모가 반드시 잃지 말아야 할 것은 부모로서의 권위입니다. 권위를 상실한 친밀감은 무례함 혹은 방종이 될 수 있기 때문입니다.

부모는 부모로서 권위를 가져야 합니다. '권위'는 '권위주의'와 다른 것입니다. 권위주의가 외적인 강압으로 주입하는 것이라면 권위는 내면으로부터 뿜어져 나오는 것입니다. 부모의 권위는 자녀와 안정적인 친밀감을 갖도록 만듭니다. 권위가 없는 부모로부터 양육받은 아이들은 정서적으로 불안하거나 고립감을 느끼기도 합니다.

부모가 권위를 가질 때 자녀들의 행동에 한계와 기준을 명확히 제시할 수 있습니다. 아이들은 명확한 울타리 안에서 자신의 행동과 감정을 절제하고 또한 보호받는다는 느낌을 받습니다. 부모가 권위가 없을 때 자녀는 자신의 행동과 감정에 자신이 없고 혼란스러워하며, 부모의 훈계가 잔소리나 폭력으로 이해되기 십상입니다.

엘리는 제사장이자 사사로서 권위를 지녔지만 아버지로서의 권위는 상실했습니다. 엘리의 두 아들은 어려서부터 성전에서 자랐지만 행동이 방자했습니다. "엘리의 아들들은 행실이 나빠 여호와를 알지 못하더라"(삼상 2:12).

가슴 아픈 내용입니다. 엘리의 아들들은 제사장의 아들인데도 여호와를 알지 못했습니다. 그들은 하나님께 드리는 제사를 가볍게 여겼을 뿐 아니라 제사를 통해서 자신들의 욕망을 채우기 바빴습니다. 또한 회막 문에서 수종 드는 여인과 동침하기까지 했습니다. 이에 대해 엘리는 "내 아들들아 그리하지 말라 내게 들리는 소문이 좋지 아니하니라 너희가 여호와의 백성으로 범죄하게 하는도다"(삼상 2:24)라며 아들들을 훈육했습니다.

하지만 엘리는 자녀들을 단호하게 훈육하지는 못했습니다. 또한 아버지로서 자녀들에게 권위를 인정받지도 못했습니다. 권위를 상실한 부모만큼 비참한 부모도 없습니다. 이후에 엘리의 두 아들은 끔찍한 최후를 맞게 됩니다.

그렇다면 어떻게 해야 부모가 자녀로부터 권위를 인정받을 수 있을까요? 비결은 간단합니다. 부모가 더 큰 권위자 되시는 하나님의 권위를 인정하며 책임 있는 삶을 살아가면 됩니다. 그럴 때 부모로서 권위가 세워집니다. 자녀는 하나님의 권위 앞에 순종하는 부모의 모습을 보고 자라면서 부모의 권위를 인정하게 됩니다. 부모의 권위가 세워질 때 자녀와 부모의 친밀감도 안정적으로 세워질 것입니다.

부모라면 자녀를 향한 기대와 욕심이 있습니다. 이 기대와 욕심이 자녀를 내가 원하는 모습으로 길들이고 싶어하게 만듭니다. 하지만 용도 길들이려고 하면 적이 됩니다. 친구가 되어야 합니다. 친구가 되되 권위 있는 친구가 되어야 합니다. 부디 세상의 모든 부모가 자녀와 친구같이 지내되 권위를 잃지 않기를 바랍니다.

다음세대 교육을 위한 줄탁동시 (啐啄同時)

아이가 몸만 자라지 마음이나 생각은 몸만큼 자라지 않는 것 같습니다. 초등학교 저학년이면 이해하겠는데 곧 중학생이 될 아이가 자기 방도 정리하지 못하고, 오늘 하루 무엇에 시간을 써야 할지도 모른 채 허둥대기만 합니다. 아이가 자기의 삶과 시간을 규모 있게 사용했으면 하는데, 걱정입니다.

어미 품속에 안긴 알은 21일간 별다른 반응이 없습니다. 그러니 어미 닭에게 21일은 병아리가 단단한 껍데기 속에서 죽었는지 살았는지 알 수 없는 답답한 시간입니다. 이때 어미 닭이 할 수 있는 일은 보통 다음 세 가지가 아닐까요? 21일간의 시간을 기다리지 못하고 껍데기를 깨서 확인하든지, 계속해서 알을 품어야 할 의미를 발견하지 못해 알 품기를 포기하든지, 아니면 아무런 반응이 없어도 껍데기 속에 생명이 있다는 믿음을 가지고 계속해서 알을 품는 것, 이렇게 세 가지 말입니다. 믿음을 가지고 품을 때 어느 순간 단단한 껍데기 안쪽에서 반응이 오기 시작합니다. 병아리가 껍데기를 깨고 나오기 위해서 껍데기 안쪽을 쪼는 것입니다. 민감하게 기다리던 어미 닭은 소리가 나는 바로 그 지점을 밖에서 같이 쪼아 줍니다. 드디어 껍데기는 깨지고 새로운 생명이 태어납니다.

생명 탄생의 원리는 다음세대 교육을 생각할 때 꼭 필요한 가르침입니다. 병아리가 안에서 쪼는 것을 줄(啐)이라 하고, 어미 닭이 밖에서 그 소리를 듣고 화답하는 것을 탁(啄)이라고 합니다. 줄탁(啐啄)은 동시에 일어나고 이때 어떤 일이 완성된다고 해서 줄탁동시(啐啄同時)란 말이 탄생했습니다. 다음세대 교육에서도 반드시 줄탁동시가 일어나야 합니다. 부부간, 부모와 자녀, 교사와 학생 간의 줄탁동시가 일어나야 생명의 열매를 얻을 수 있습니다. 그렇다면 다음세대 교육을 위한 줄탁동시의 조건에는 무엇이 있을까요?

첫째는 기다림입니다. 어미 닭의 배 속에서 알이 나왔다고 병아리가 태어난 것은 아닙니다. 이때부터 진짜 병아리의 생명이 자라나는 시간이 시작됩니다. 언제일지는 모르지만, 병아리가 껍데기 안쪽에서 줄(啐)할 때까지 기다려야 합니다. 아무 일도 일어나지 않는 것 같은 기다림의 시간이 생명을 영글게 합니다. 풋사과가 맛있는 사과가 되기까지 시간이 필요합니다. 다음세대에게 시간을 주어야 합니다. 자라나고, 생각이 단단해지고, 내면이 균형을 이뤄 가는 시간을 주어야 합니다. 좋은 가르침과 사랑의 표현도 때에 맞지 않으면 상처가 될 수 있습니다. 기다림은 사랑입니다. 사랑해야 기다릴 수 있기 때문입니다. 성경은 사랑을 표현할 때 기다림을 세 번이나 강조합니다(고전 13:4-7). "사랑은 오래 참고…", "모든 것을 참으며…", "모든 것을 견디느니라". 기다림으로 사랑이 완성되듯이 다음세대를 사랑한다면 그들이 지금도 자라고 있다는 믿음을 가지고 기다려 주어야 합니다.

둘째, 경청입니다. 어미 닭은 기다리는 동안 껍데기 안에서 병아리가 보이는 반응을 민감하게 듣습니다. 껍데기 안에서 병아리가 보내는 소리를 듣지 못해서 적절하게 반응하지 못하면 병아리는 몸부림을 치다 힘에 부쳐 껍데기 안에서 질식사할 수도 있습니다. 다음세대는 말하고 싶어 하고 자신의 상태에 대해 계속 신호(signal)를 보냅니다. 잘 들어주는 것만으로도 문제는 대부분 해결됩니다.

사실 '들어준다'라는 표현은 어감이 별로 좋지 않습니다. 어쩐지 선심이나 쓰는 듯한 인상을 줍니다. 그래서 국제코치연맹(ICF) 공인 라이프 코치 전문가 정진은 경청이란 들어주는 것이 아니라 '존재와 함께하는 것'이라고 했습니다. 다음세대의 존재를 품어 주는 부모와 교사가 되어야 합니다.

셋째는 상호작용입니다. 알 속에서 병아리가 먼저 '줄'(啐)해야 합니다. 병아리가 먼저 껍데기 안에서 껍데기를 쪼기 시작해야 엄마가 껍데기 밖에서 '탁'(啄), 쪼기 시작합니다. 이때 어미 닭은 다른 곳을 쪼는 것이 아니라 안에서 '줄'하는 바로 그곳을 '탁'해야 합니다. 서로의 노력이 만날 때 단단한 껍데기가 깨집니다. 부모(교사)만 노력해서도, 자녀(학생)만 노력해서도 안 됩니다. 성장은 자라나기 원하는 자녀(학생)의 몸부림과 성장시키기 원하는 부모(교사)의 간절함이 만들어 내는 상호작용입니다. 서로 간에 열정적인 상호작용이 있어야 합니다.

변화와 성장을 경험한 성경의 인물들이 모두 그랬습니다. 12년간 혈루증을 앓은 여인이 예수님을 향해 가진 믿음과 예수님의 은혜가 만나 구원이 이루어졌습니다.

> "예수께서 돌이켜 그를 보시며 이르시되 딸아 안심하라 네 믿음이 너를 구원하였다 하시니 여자가 그 즉시 구원을 받으니라" 마 9:22

예수님은 '그들의 믿음을 보시고' 병을 고쳐 주셨습니다.

> "예수께서 그들의 믿음을 보시고 중풍병자에게 이르시되 작은 자야 네 죄 사함을 받았느니라 하시니" 막 2:5

줄탁동시(啐啄同時)는 부모(교사)와 자녀(학생)의 노력이 만들어 내는 생명 탄생의 순간입니다. 기다림과 경청, 그리고 상호작용을 통해서 다음세대는 자신의 껍데기를 깨고 새로운 세상 속에서 살아갈 것입니다.

기다려야 성장한다

아이들을 볼 때마다 답답한 마음에 평안을 찾기 힘들 때가 많습니다. 식사할 때도 느릿느릿하게 하고, 공부할 시간은 없다고 하면서 게임만 해대고, 공부한다고 하면서 집중하지 못하고 집 안 이곳저곳을 배회하기 일쑤입니다. 어쩌다 핀잔을 주면 그때뿐이고 다시 같은 일이 반복됩니다. 어떻게 해야 이 상황이 개선될 수 있을까요?

부모는 화가 나는 일이 참 많습니다. 아이가 빨리 일어나지 않아서 화가 납니다. 밥을 깨작깨작 먹어서 화가 납니다. 시간이 급한데 이 옷 저 옷 고르느라 빨리 옷을 입지 않아서 화가 납니다. 형제끼리 싸워서 화가 납니다. 옆집 아이보다 내 아이가 잘 못하면 화가 납니다. 무엇보다 부모 말을 잘 듣지 않을 때 화가 납니다. 부모가 자녀에게 화가 나는 이유는 대개 기다리지 못하기 때문입니다. 부모의 시간에 자녀를 맞추려다 보니 화가 나는 것입니다.

세계 창의력 교육의 노벨상이라고 불리는 토런스 상을 받은 김경희 교수는 『틀 밖에서 놀게 하라』에서 부모에게 다음과 같이 조언합니다.

“아이를 주체적인 삶을 사는 어른으로 키우고 싶다면 부모가 아이의 시간표를 미리 꽉 채워 두거나 아이의 인생을 프로그래밍해 놓아서는 안 된다. 아이의 요구와 의사를 존중하고 아이의 안전을 해치지 않는 선에서 자유롭게 행동할 수 있도록 몇 가지 필수적인 규칙만 제공하는 것이 좋다.”

자녀가 인생을 주도적으로 살아가기를 원한다면 부모는 기다려 줘야 한다는 의미입니다. 사실 이 주제는 수많은 교육 전문가가 주장해 왔습니다. 아무것도 안 하는 것 같은 시간, 쓸데없어 보이는 시간을 통해서도 자녀는 성장합니다. 부모가 기다려야 자녀가 성장합니다. 그러므로 부모는 다음과 같이 생각해야 합니다.

첫째, 아이들은 저마다 성장 속도가 다릅니다.

같은 나무에서 나온 가지들도 뻗어 나가는 속도가 다 다릅니다. 심지어 같은 가지에 달린 꽃봉오리들도 피는 시간이 다 다릅니다. 마찬가지로 자녀들도 성장 속도가 다 다릅니다. 부모는 내 아이의 성장 속도를 인정해 주어야 합니다. 교육의 또 다른 이름은 기다림입니다. 부모는 아이의 모든 문제에 대해 해결사가 되려는 생각을 멈춰야 합니다. 부모가 자녀의 성장 속도를 무시한 채 부모의 시간표에 자녀를 맞추려고 하면, 자녀는 자신을 '나는 아무 생각도 없는 아이', '내 일도 스스로 못하는 아이', '내가 원하는 것은 쓸데없는 것', '부모가 시키는 대로만 해야 하는 아이'로 인식하게 됩니다. 부모가 조금만 기다려 주면 자녀는 자신의 삶을 주도적으로 이끌어 갈 것입니다.

둘째, 자녀를 믿어야 합니다.

부모가 자녀를 기다려 주지 못하고 조급한 이유는 자녀를 믿지 못하기 때문입니다. 부모가 자녀를 믿지 못하면 자녀 역시 자신을 믿지 못하게 됩니다. 부모의 믿음을 받지 못하고 자라면 수동적인 아이가 될 수밖에 없습니다. 부모가 자녀에게 줄 수 있는 최고의 선물은 믿음입니다. '코이의 법칙'이란 것이 있습니다. 비단잉어의 한 종류인 코이는 자라는 환경에 따라 그 크기가 달라집니다. 어항 속에서는 5~8cm밖에 자라지 않지만, 강물에서는 80~120cm까지 성장합니다. 부모의 믿음 크기가 자녀의 성장 크기를 결정합니다.

셋째, 하나님은 자녀를 향한 계획을 갖고 계십니다.

하나님은 '범사'에 기한과 때를 정하십니다(전 3:1). 자녀를 향한 하나님의 계획은 지금도 진행되고 있습니다. 부모는 조급하지만, 하나님은 조급하지 않으십니다. 하나님의 시간은 천천히 흐르는 것 같지만, 전혀 늦지 않습니다. 많은 부모가 하나님보다 학원 선생님을 더 믿습니다. 성경보다 뉴스를 더 믿습니다. 그러나 우리가 믿고 의지할 분은 하나님이십니다.

중국에 모소대나무가 있습니다. 모소대나무는 씨앗을 뿌리고 나서 4년 동안 땅 위로 거의 자라지 않는다고 합니다. 4년 동안 겨우 3cm 정도 자랍니다. 하지만 5년이 지나면 하루 30cm씩 쑥쑥 자라 6주 만에 무려 15m가 넘는 대나무가 됩니다. 4년간의 기다림이 성장을 이룬 것입니다. 우리의 자녀는 오늘도 자라고 있습니다. 아무 생각이 없는 것 같고, 늦장을 부리는 것 같고, 뒤처지는 것 같아도 분명 자라고 있습니다. 자녀의 성장 속도를 존중해 주세요. 자녀를 믿어 주세요. 무엇보다 자녀를 향한 하나님의 계획을 믿으세요. 부모가 자녀에게 줄 수 있는 최고의 선물은 기다림입니다.

단순하지만 꽉 찬 삶

4차 산업혁명 시대를 잘 살려면 코딩이 중요하다고 해서 학원을 보냈습니다. 뿐만 아니라 문해력이 국어뿐 아니라 수학에도 영향을 준다고 해서 국어와 수학 학원에도 등록했습니다. 그런데 정작 IT 기업 CEO들은 코딩 교육을 시키기보다는 창의력을 키우기 위해 IT 기기를 아이들에게 주지 않는다고 합니다. 너무 많은 정보와 그 정보에 대응하면서 아이를 교육하다 보니 부모뿐 아니라 아이들도 복잡하고 혼란스럽습니다. 이 문제에 어떻게 접근해야 할까요?

시대가 빠르고 복잡하게 변하는 것만큼이나 자녀 교육에 대한 부모의 마음 역시 복잡합니다. 자녀 교육과 관련하여 인터넷상에서 떠도는 정보들을 접할수록 생각이 복잡해지고 명확한 교육을 할 수가 없게 됩니다. 부모가 먼저 교육에 대한 분명한 목적과 확신이 있어야 하는 이유입니다.

고수들의 삶을 생각해 봅시다. 그들의 삶은 항상 단순합니다. 무언가를 이룬 사람은 누가 봐도 삶의 목적이 투명합니다. 이순신과 윤봉길, 링컨, 마틴 루서 킹, 스티브 잡스, 김연아, 옥한흠, 바울…. 이름만 들어도 이들이 무엇을 위해 어떻게 살았는지가 연상됩니다. 그리고 이들은 모두 단순한 삶을 살았습니다.

모든 힘은 단순함에서 나옵니다. 자녀 교육 역시 마찬가지입니다. 크리스천 부모로서 교육 목적이 단순해야 합니다. 단순함은 명료함을 의미합니다. 단순함은 본질을 붙잡는 것입니다. 단순함은 복잡한 세상을 바라보는 것이 아니라 변함이 없는 하나님만 바라보는 것입니다.

자녀들을 단순하지만 꽉 찬 삶으로 인도하기 위해 어떻게 해야 할까요?

첫째, 교육 목적을 분명히 해야 합니다.

마태복음은 6장 19-21절에서 하늘에 보물을 쌓으라고 한 뒤 22절에서 다음과 같이 말합니다. "눈은 몸의 등불이니 그러므로 네 눈이 성하면 온몸이 밝을 것이요." 즉 초점이 하나면 온몸이 밝고 초점이 갈라지면 몸이 어두워진다는 것입니다. 초점이 갈라지면 세상이 복잡해 보입니다. 교육도 마찬가지입니다. 교육 목적의 초점이 분명해야 합니다. 기독교 역사 이래 최고의 교사였던 바울의 교육 목적은 단순했습니다.

"형제들아 내가 너희에게 나아가 하나님의 증거를 전할 때에

말과 지혜의 아름다운 것으로 아니하였나니 내가 너희 중에서 예수 그리스도와 그가 십자가에 못 박히신 것 외에는 아무것도 알지 아니하기로 작정하였음이라" 고전 2:1-2

바울은 예수와 십자가 외에는 아무것도 알지 않기로 작정했습니다. 그의 교육 목표는 단순했습니다. 이것이 모든 부모의 교육 목적이 되어야 합니다. 자녀가 예수와 십자가의 사람이 되도록 교육해야 합니다.

둘째, 다른 것은 포기해야 합니다.

목적을 단순화했다면 그다음은 삶의 방식을 단순화해야 합니다. 교육 목적을 정했다면 그다음에는 그 목적을 이루기 위해서 예수님이 원하시는 삶의 방식을 선택해야 합니다. 선택은 포기의 또 다른 말입니다. 좋은 선택은 좋은 포기에서 시작됩니다. 무엇인가를 얻기 위해서는 무엇인가를 포기해야 합니다. 혹 포기하지 않고도 얻은 것이 있다면 그것은 분명 있으나마나 한 것일 겁니다. 자녀를 향한 부모의 욕심은 끝이 없습니다. 모든 부모는 자녀가 좀 더 많은 것을 경험하고 좀 더 많은 것을 누렸으면 하는 바람이 있습니다. 그래서 할 수만 있으면 뭐든 다 해 주려고 합니다.

하지만 그렇게 해 주는 것이 결코 자녀를 위한 것이 아님을 명심해야 합니다. 자녀가 예수의 사람, 십자가의 사람이 되기 위해서 포기해야 할 것을 정하십시오. 그리고 그것을 포기하십시오.

셋째, 삶의 습관을 길러 주어야 합니다. 한 번의 결단과 행동으로 변화될 수 있는 것은 없습니다. 하지만 한 번이 두 번, 세 번이 되고 세 번이 습관이 되면 삶은 변합니다. 사탄의 주업은 우리를 포기하게 만드는 일입니다. 선한 일을 지속하면 반드시 열매를 얻게 될 것입니다.

"우리가 선을 행하되 낙심하지 말지니 포기하지 아니하면 때가 이르매 거두리라" 갈 6:9

자기개발 전문가 프레더릭 알렉산더는 다음과 같이 말했습니다. "사람은 자신의 미래를 결정짓지 못한다. 대신 습관을 만들면 그 습관이 미래를 대신 정해 준다."

하나님께 쓰임 받기를 원한다면 거룩한 습관을 지녀야 합니다. 다니엘은 기도 금지령이 내려졌을 때도 "전에 하던 대로 하루 세 번씩 무릎을 꿇고 기도"(단 6:10)했습니다. 그는 기도가 습관이 된 사람이었습니다. 예수님은 "새벽 아직도 밝기 전에"(막 1:35) 기도하시던 습관이 있었습니다. 우리의 자녀들이 거룩한 습관의 사람이 된다면 그다음은 걱정하지 않아도 됩니다. 습관대로 살아갈 것이기 때문입니다.

부모로서 자녀를 교육한다는 것은 분명 힘든 일입니다. 하지만 복잡하지 않습니다. 부모의 염려가 교육을 복잡하게 만들 뿐입니다. 부모 스스로가 먼저 교육의 초점이 분명해야 합니다. 자녀가 하나님의 사람이 되도록 교육해야 합니다. 이 목적을 이루기 위해 그 외의 것은 포기해야 합니다. 포기를 통해 더 귀한 것을 성취하게 될 것입니다. 마지막으로 자녀가 거룩한 습관을 갖도록 교육해야 합니다. 이때 우리의 자녀들은 단순하지만 꽉 찬 삶을 살게 될 것입니다.

진리는 몸에 새겨야 한다

우리 아이는 유치원 때부터 교회에 다녔고, 주일학교 예배와 모임도 적극적으로 참여했습니다. 하지만 중학생인데도 하나님과 친밀한 교제를 했는지 고민스러울 때가 있습니다. 어떻게 아이의 신앙이 성장할 수 있을지 고민입니다.

다음세대 사역을 위해 우간다를 세 번 방문했습니다. 한 번도 밟아 보지 못한 아프리카 땅에 대한 설렘을 안고 엔테베 공항에 내렸을 때, 경험하는 모든 것이 낯설었습니다. 우간다를 가기 전에 인터넷을 통해 다양한 정보를 이미 습득한 상태였는데도 책과 현실은 많이 달랐습니다.

한번은 우간다 국립공원 사파리를 방문했습니다. 그곳에서 만난 버팔로, 기린, 하마, 코끼리는 동물원에서 보던 것과는 차원이 달랐습니다. 날것 그대로를 경험하며 새로운 학습을 하는 순간이었습니다. 귀국하여 두 딸에게 우간다에서의 경험을 떨리는 가슴으로 이야기하는데 아이들의 반응은 무덤덤하기만 했습니다. 자기들도 책에서 봐서 다 안다는 것이었습니다. 하지만 안다고 다 아는 것이 아닙니다.

다음세대에게 말씀을 교육할 때 가장 중요한 것은 지식을 경험하게 하는 것입니다. 말씀을 글로만 배우면 하나님은 글 속에 갇히게 됩니다. 따라서 우리는 다음세대가 하나님을 체험할 수 있도록 경험을 제공해야 합니다. 중세 스콜라 철학을 대표하는 이탈리아 신학자 토마스 아퀴나스(Thomas Aquinas)는 말년에 하나님의 사랑을 직접 경험했습니다. 그때 그는 자신이 이전에 쓴 모든 것이 '지푸라기'에 지나지 않는다고 고백했습니다. 세계적 기독교 미래학자 레너드 스위트(Leonard Sweet)는 지금까지 교회가 이성에 신앙을 노크(Knock)했다면, 이제는 경험에 노크해야 한다고 말했습니다. 그렇습니다. 말씀에 참여하고 경험하고 느껴야 합니다.

80세 노인 모세는 광야에서 양을 치다가 살아 계신 하나님을 만납니다.

> "네가 선 곳은 거룩한 땅이니 네 발에서 신을 벗으라" 출 3:5

한때 민족을 위해 주먹을 휘둘렀던 모세는 광야에서 처음으로 하나님을 경험합니다. 그리고 살기 위해 도망쳐야 했던 땅, 애굽으로 지팡이 하나를 쥐고 들어갑니다.

사울은 누구보다 신앙의 열심이 대단했습니다. 말씀에 정통한 그가 하나님을 위해 사는 삶의 방식은 예수 믿는 사람을 잡아 가두는 것이었습니다. 그날도 그는 그 일을 위해 열심히 다메섹 길을 달려가던 중 살아 계신 예수 그리스도를 만납니다.

"사울아 사울아 네가 어찌하여 나를 박해하느냐" 행 9:4

예수님을 경험한 그 순간 사울은 완전히 다른 삶을 살게 됩니다. 예수 믿는 사람을 죽이던 사울에서 예수를 위해 죽는 바울이 된 것입니다. 이처럼 살아 계신 하나님을 체험하면 인생이 바뀝니다.

성경은 하나님을 만난 사람들의 이야기로 가득합니다. 부모와 교사는 그런 사람들의 이야기를 다음세대에게 열정적으로 가르칩니다. 하지만 예전에 하나님을 경험한 사람들의 이야기를 가르치는 것으로 끝나면 진정한 교육이 아닙니다. 지금도 다음세대가 살아 계신 하나님을 경험할 수 있도록 경험을 선물해야 합니다.

최고의 교육은 다음세대가 하나님을 경험할 수 있는 환경을 제공하는 것입니다. 만약 기도의 사람 다니엘에 대해 가르쳤다면 다음세대에게 시간을 정해 하나님 앞에 나아가 기도의 친밀함을 경험할 수 있는 환경을 제공해 주어야 합니다. 또 전도의 사람 빌립에 대해 가르쳤다면 다음세대에게 성령의 이끌림을 받아 전도할 수 있는 환경을 제공해야 합니다. 경험이 바뀌면 지식이 바뀌고 인생이 바뀝니다. 그리고 경험이 성장하면 다음세대는 성장하게 됩니다. 경험은 절대 거짓말을 하지 않습니다. 그러므로 다음세대가 온몸으로 하나님을 경험하길 소원합니다.

자녀가 성장하는 만큼 부모도 성장하라

이유식을 먹던 아이가 어느새 초등학교 고학년이 되었습니다. 그만큼 성장해서 부모의 도움 없이도 할 수 있는 일이 많이 늘어났습니다. 그래도 아직 부모의 돌봄이 필요하기에 이것저것 훈계하다 보니 아이에게 얼굴 붉힐 일이 자주 생깁니다. 그 때문에 마음이 괴롭습니다.

아이들은 매일같이 자랍니다. 한순간도 그대로 있지 않습니다. 아이들의 변화는 제일 먼저 시각적으로 확인됩니다. 팔꿈치만 하던 아이가 어느 날 걸어 다니고 뛰어다닙니다. 어릴 적 모습이 기억이 잘 안 날 정도로 아이들은 성장합니다. 지적 성장도 폭발적으로 일어납니다. 웃음이나 울음으로 의사소통하던 아이가 어느 날 갑자기 말을 하기 시작하더니 어느 순간 말로 부모를 이깁니다. 심리 변화 역시 복잡하게 일어납니다. 내가 낳은 아이인데도 이해하지 못할 때가 많습니다. 때로 부모를 위로하고 격려하기도 합니다. 부모 눈에 아이는 마냥 어리고 미숙하고 부족해 보이지만, 사실 아이는 매일 성장합니다.

매일같이 성장하는 아이들을 교육하려면 부모는 어떻게 해야 할까요? 부모 역시 아이들의 성장 속도에 맞춰 변화해야 합니다. 한 남자와 한 여자가 결혼하면 부부가 됩니다. 그리고 아이가 태어나는 순간 부부는 부모가 됩니다. 아이도 신생아인데, 부모도 신생 부모입니다. 교육은 상호작용으로 이뤄지는 것이므로 아이의 성장에 발 맞춰 부모도 성장해 가야 합니다.

엘렌 캘린스키(Ellen Calinsky)는 그의 저서 『아이의 성장 부모의 발달』(창지사)에서 자녀의 성장에 따른 부모의 발달을 여섯 단계로 나눕니다.

첫 번째 단계는 부모상 정립 단계입니다. 부모상은 임신 기간에 형성됩니다. 이 시기에 부모는 자신의 변화에 대해 준비하고 또 다른 중요한 성인 관계의 변화를 준비합니다. 두 번째 단계는 양육 단계로 아이의 출생 후 2년까지에 해당합니다. 이때 부모는 아이와 건강한 애착관계를 형성해야 합니다. 부모는 이때 '나에게 가장 중요한 것은 무엇인가? 아이를 위해 얼마나 많은 시간을 할애하고, 내 인생을 위해서는 얼마나 시간을 할애해야 하는가?'를 고민하게 됩니다. 세 번째 단계는 권위의 단계로 아이가 두 살에서 다섯 살까지입니다. 이때 부모는 권위의 문제로 고민하고 자녀들에게 어떤 규칙을 어떻게 적용할지를 결정해야 합니다. 네 번째 단계는 해석의 단계로 아이가 소년기에 들어갈 때까지입니다. 부모는 자녀로 하여금 자아 개념을 어떻게 해석하고 발달시킬 것인가뿐만 아니라, 자신이 자녀들에게 어떻게 해석될 것인가에 관심을 갖게 됩니다. 다섯 번째 단계는 상호 의존 단계로 자녀가 십대가 되는 때입니다. 이 시기에 부모는 거의 어른이 된 자녀들과 새로운 인간관계를 형성해야 합니다. 여섯 번째 단계는 새로운 출발 단계로 자녀가 집을 떠나는 시기입니다. 부모는 이때 자녀와의 관계가 자신이 원하는 방향으로 성취되었는지, 자신의 인생 전반이 성공인지 실패인지를 평가하게 됩니다.

부모는 자녀의 발달 과정을 이해해서 발달을 촉진할 수 있는 교육 환경을 조성해야 합니다. 자녀의 교육 환경에서 가장 중요한 환경은 부모입니다. 그러므로 부모는 아이의 성장 속도에 맞춰 자신을 변화시켜 가야 합니다. 그래야 부모와 자녀 간에 서로 원하는 것을 얻기 위한 소모적인 힘겨루기를 멈추고 협력할 수 있습니다. 자녀의 성장에 따른 부모 역할을 잘 이해해서 자녀와 함께 성장하는 부모가 되길 바랍니다.

더 좋은 부모가 될 수 있다

우연한 기회에 자녀의 신앙교육에서 교회나 목사님, 교사 보다는 부모의 역할이 중요하다는 기사를 접했습니다. 하지만 부모는 신앙교육에 있어서 전문가도 아니고 아이들의 신앙에 대해 함께 대화할 시간도 없습니다. 신앙교육은 교회에 전적으로 의존할 수밖에 없습니다.

2020년 1월 코로나19 발발 이후 3년 이상의 시간이 지났습니다. 처음에 마스크를 착용했을 때는 답답해서 언제까지 이렇게 살아야 하나 싶었습니다. 하지만 생각해 보면 코로나19의 순기능도 있습니다. 바로 가족 간의 시간을 선물로 주었다는 것입니다. 감염 상황이 심각했던 초기부터 2년여간 코로나19 팬데믹 덕분에 온 가족이 반강제로 더 많은 시간을 함께 보내게 되었습니다. 코로나19 이전에는 '가족과 함께할 수 있는 시간이 많아졌으면 좋겠다'는 소망을 누구나 가졌던 것 같은데, 막상 그런 시간이 주어지니 정말 좋았습니까? 팬데믹 기간에 부모들이 깨달은 소중한 사실 중 하나는 학교가 공부만 가르치는 곳이 아니라는 것입니다. 학교 선생님들이 얼마나 많은 수고를 하는지 깨닫게 되었습니다. 많은 부모가 자녀와 함께하는 시간이 길어지면서 스트레스가 늘었습니다. 또한 자신이 자녀 교육에 준비가 안 되었다는 자괴감에 빠진 부모도 많았습니다. 하지만 부모라면 절대로 자녀 교육을 포기해서는 안 됩니다. 특별히 위드 코로나 시대 다음세대 신앙교육에서 부모의 영향력은 절대적입니다.

'꿈이있는미래'에서는 2020년과 2021년 5월에 여름 캠프를 앞두고 전국의 사역자를 대상으로 설문조사를 했습니다. 설문 대상 대부분의 교회가 온라인으로 캠프를 진행하는데, 이때 누구의 역할이 중요한가를 묻는 항목이 있었습니다. 결과는 다음과 같습니다.

2020년	2021년
교사 38.0%	부모 57.0%
담당 사역자 31.0%	교사 18.0%
부모 27.0%	담당 사역자 14.0%
친구 4.0%	자기 자신 10.0%
자기 자신 0%	친구 1.0%

코로나19가 발발한 지 얼마 안 된 2020년 5월에는 '교사'(38%)의 역할이 가장 중요하다고 했으나, 2021년 5월에는

압도적으로 '부모'(57%)의 역할이 중요하다고 응답했습니다. 담당 교역자의 비중은 2020년에는 31%였으나 2021년에는 14%로 급락했습니다. 교육의 중심축이 가정과 부모에게로 옮겨진 것입니다. 그렇다면 실제로 코로나19 기간 중 부모는 가정에서 어떻게 보냈을까요?

기독교자선단체 한국IFCJ는 '가정의 힘'이라는 사역을 하면서 2021년 5월에 '한국 기독교 가정 신앙 및 자녀 신앙교육 실태 조사'를 발표했습니다. 자녀를 둔 부모 1,500명을 대상으로 조사했습니다. 코로나19 이후 '신앙생활에 더 소홀해진 것 같다'는 항목에 부모 53.2%, 자녀 53.3%가 '그렇다'고 응답했습니다. '자녀 신앙교육의 걸림돌'을 묻는 질문에는 '각자 너무 바빠 시간이 없어서'가 22.5%, '부모인 내가 신앙이 확고하지 않아서'가 19.0%, '신앙교육의 구체적인 방법을 몰라서'가 16.0%였습니다. 즉 신앙교육의 주체인 부모가 준비되지 않아서 자녀를 신앙적으로 양육하지 못하는 것입니다.

어느 정도 예상 가능한 결과였습니다. 완벽한 부모는 없으며 모든 부모는 자녀 교육에 대한 부담감을 안고 있습니다. 중요한 것은 부모로서 자녀의 신앙교육을 포기하지 않는 것입니다. 부모와 이야기해 보면, 자신의 부족함 때문에 자녀의 신앙교육을 포기했다는 부모가 의외로 많습니다. 하지만 절대 포기하지 마십시오. 자녀는 부모의 도움이 필요합니다. 자녀 안에는 오직 부모만이 채울 수 있는 공간이 있습니다. 그 공간은 이 세상 그 어떤 것으로도 채울 수 없습니다. 그 공간이 비어 있다면 자녀가 성인이 되어 많은 것을 성취해도 공허할 수밖에 없습니다.

이정현 목사는 『주일학교 체인지』(생명의말씀사)에서 하트 커넥션(Heart Connection) 개념을 언급했습니다. 태아는 엄마로부터 직접 먹을 것을 얻지 못해도 잘 자랍니다. 엄마와 탯줄로 연결되어 있기 때문입니다. 이 연결 고리로 인해 태아는 숨을 쉬고 영양분을 공급받습니다. 10개월이 지나 아기가 탯줄을 끊고 세상에 나온 후에도 아기와 부모는 마음으로 연결되어 있습니다. 이것을 '하트 커넥션'이라고 합니다. 이 연결 고리를 통해서 자녀는 이 세상을 살아갈 힘을 얻습니다.

부모가 자녀에게 미치는 영향력은 절대적입니다. 그러니 부모는 자녀를 위해서 더 좋은 부모가 되기 위해 노력해야 합니다. 그 첫출발은 더 좋은 부모가 되기를 다짐하는 것입니다. 오늘보다 내일 더 좋은 부모가 될 수 있다는 소망을 품는 것입니다. 이 책을 아직까지 읽고 있다면 당신은 분명 더 좋은 부모가 될 수 있습니다.

'부모를 위한 사역'이 아닌 '부모에 의한 사역'을 하라

어린이 주일에 목사님이 강단에서 부모는 아이의 신앙교육에 있어서 매우 중요한 역할을 감당해야 한다고 하셨습니다. 어떤 교회는 부모학교를 개설하고 부모가 가정에서 아이의 신앙교육을 위해 힘쓸 수 있도록 돕는다고 합니다. 하지만 저희 부부는 구체적으로 어떻게 할지 모르겠거니와 그저 부담이 됩니다.

코로나19 이후 예배와 교육의 제한으로 교회 교육은 2년간 공백기를 가져야 했습니다. 동시에 기독교 교육의 중심축이 교회에서 가정으로 옮겨지고, 가정교육의 중요성과 부모의 자녀 교육을 강조하는 목소리가 높아지고 있습니다.

스콧 갤러웨이(Scott Galloway)는 그의 저서 『거대한 가속』(리더스북)에서 영국의 정치인 조지 갤러웨이(George Galloway)의 글을 인용했습니다.

"몇십 년 동안 아무 일도 없다가 몇 주 사이에 수년 동안 일어날 법한 사건이 벌어질 수도 있습니다."

저는 코로나19를 겪으며 이 말에 전적으로 동의하게 되었습니다. 그동안 사역하면서 부모에 의한 다음세대 사역을 강조해 왔으나 변화가 미비했습니다. 그런데 2년 동안 코로나19로 인해 부모에 의한 다음세대 사역에 획기적인 변화가 일어났습니다. 원래 기독교 교육의 중심이 가정이라는 것을 코로나19가 일깨워 준 것입니다.

이러한 변화는 더욱 가속되어 가정과 교회의 연결, 부모와 교사의 만남이 필수가 되었습니다. 다만 한 가지 주의해야 할 점이 있습니다. 교회가 가정과 교회를 연계하는 사역을 진행할 때 '부모를 위한 사역'이 아닌 '부모에 의한 사역'을 해야 한다는 것입니다. 팬데믹 상황으로 교회 교육이 제대로 이뤄지지 않기 때문에 부모가 교회를 대신하는 것이 아닙니다. 자녀를 제자화하는 것은 부모의 사역이자 사명입니다. 신앙은 언제나 이전 세대에게서 출발하여 다음세대로 전해집니다.

> "네 자녀에게 부지런히 가르치며 집에 앉았을 때에든지 길을 갈 때에든지 누워 있을 때에든지 일어날 때에든지 이 말씀을 강론할 것이며" 신 6:7

최소량의 법칙(Law of Minimum)이 있습니다. 만일 하나의

필수 원소가 최소량 이하이면 다른 원소가 아무리 풍부해도 식물이 생육할 수 없으며, 아주 미량으로 존재하는 원소 또는 양분이라도 식물의 생육을 지배할 수 있다는 것입니다. 예를 들어, 물통에 아무리 물을 많이 부어도 물통의 높이 이상으로 채울 수는 없습니다. 물을 더 채우기 위해서는 물통의 크기를 키워야 합니다. 다음세대 교육에 최소량의 법칙을 적용할 수 있습니다. 다음세대를 위해서 교회와 교회학교는 최선을 다할 것입니다. 좋은 교재와 교육 활동을 설계하고 역동적인 모임을 추진하겠지만, 가정과 부모라는 그릇이 매우 작거나 구멍이 생기면 교육의 효과를 높일 수가 없습니다. 가정을 배려하지 않고 부모와 연합하지 않는 교회학교 교육은 절름발이 교육이 될 수밖에 없습니다. 티모시 폴 존스(Timothy Paul Jones)

는 세대가 연결되지 않고 단절된 교육을 '기초부터 결함이 있는'(Fundamentally Flawed) 교육이라고 했습니다.

부모에 의한 사역은 교회학교와 교사의 짐을 덜어 내는 것이 아닙니다. 도리어 교사의 역할을 학생의 가정까지 확대하는 것입니다. 교회는 교사가 역할을 잘할 수 있도록 교육하고, 교사는 부모가 가정에서 자녀를 올바르게 신앙교육 할 수 있도록 지지하고 협력해야 합니다. 부모에 의한 사역은 교회와 교사와 부모가 하나 될 때 가능합니다. 모든 교회와 가정에서 부모에 의한 사역이 활성화되길 기도합니다.

권위 있는 부모

아이가 어렸을 때는 부모가 말하면 곧잘 "알았어요" 하며 부모의 방침과 교육에 잘 따랐습니다. 그러나 초등학교 3학년이 되면서부터 종종 부모의 말에 이의를 제기하더니 4학년을 넘어서면서부터는 부모의 바람과 교육과는 반대되는 방향으로 가는 경우가 많아졌습니다. 아이에게 부모의 권위를 어떻게 회복해야 할지 고민입니다.

코로나19 팬데믹으로 학교와 교회가 닫혔다가 열리기를 반복하고 있습니다. 삶의 속도는 느려지다 못해 멈춘 것 같고, 급기야는 후퇴하는 것처럼 보입니다. 사람이 많이 모이는 곳은 위험해서 마음놓고 마스크를 벗을 수 있는 공간은 집밖에 없는 것 같습니다. 상황이 이렇다 보니 아이들에게 집은 학교이자 교회이자 놀이터가 되었습니다. 이런 시간을 2년 가까이 보내다 보니 자녀의 삶에도 큰 변화가 생겼습니다.

먼저, 학습에서 변화가 생겼습니다. 초등학생인 저의 자녀는 원격 수업을 시작한 지 30분도 안 되어서 "오늘 수업 끝"이라고 말하더니 피곤하다며 쉬겠다고 합니다. 클릭 몇 번 하면 이수율 100%가 되는 시스템의 한계 때문입니다. 가정마다 학습 환경에 차이가 있습니다. 온라인 수업 환경의 차이, 디바이스의 차이 등이 그것입니다. 하지만 가장 큰 차이는 부모의 차이입니다. 부모의 상황과 교육관에 따라 아이들의 학습 환경에 큰 차이가 생깁니다. 학습 환경의 차이는 학습량의 차이를 낳고, 학습량의 차이는 학습 격차를 벌립니다. 출발은 부모입니다.

팬데믹은 당분간 지속될 것이며, 팬데믹이 끝나도 교육에서 부모의 역할은 여전히 중요할 것입니다. 그러므로 부모는 자녀 교육을 위해 권위 있는 부모가 되어야 합니다. 교육에서 교사의 권위는 매우 중요합니다. 권위주의는 나쁘지만 권위는 필요합니다. 권위주의는 불합리한 복종을 요구하지만 권위는 자발적인 순종을 불러일으킵니다. 자녀가 부모를 만만히 볼 때 가정에서 교육이 이뤄질 수 없습니다. 부모는 스스로 권위를 세워야 합니다.

부모는 두 가지 권위를 잘 유지해야 합니다. 첫째는 주어진 권위이고, 둘째는 획득된 권위입니다. 모든 부모에게는 주어진 권위가 있습니다. 자녀가 어릴수록 부모의 권위는 자녀에게 절대적입니다. 부모는 어린 자녀에게 우주이며 세상입니다. 부모가 자녀를 보고 웃으면 세상이 웃는 것이며, 부모가 자녀를 일관되게 대하면 자녀는 세상을 안전한 곳으로 인식합니다. 하지만 자녀는 성장하면서 완전한 줄 알았던 부모의 불완전함을 보고 실망과 원망을 반복합니다. 자녀가 스스로 옳고 그름을 판단할 나이가 되면 부모에게 주어진 권위는 힘을 잃게 됩니다. 이때부터 자녀는 부모가 교육이란 이름으로 하는 말을 잔소리 혹은 폭력으로 느끼지요. 이때 필요한 것이 획득된 권위입니다. 주어진 권위가 생득적인 것이라면, 획득된 권위는 부모 스스로가 자녀에게서 얻어야 하는 것입니다. 아이들은 좋은 이야기를 듣는 것이 아니라 좋아하는 사람의 이야기를 듣습니다. 좋아하는 사람에게는 스스로 복종하고 싶은 권위가 따르기 때문입니다.

그렇다면 권위를 어떻게 획득할 수 있을까요? 저는 두 가지를 강조하고 싶습니다. 첫째는 부모가 성경의 권위를 인정하는 것입니다. 사실 자녀는 부모를 꼰대로 여기고, 부모의 교육적 조언을 잔소리로 들을 수 있습니다. 하지만 부모가 하나님 말씀의 권위를 인정하고 말씀대로 살면서 자녀에게 말씀으로 권면한다면 상황은 달라집니다. 그때 부모가 하는 이야기는 성경의 이야기이기 때문입니다. 자녀는 부모가 자기 마음대로 살지 않고 말씀의 권위에 순종하며 살아간다는 것을 알 때, 부모의 권위를 인정하게 됩니다. 둘째, 부모는 삶으로 권위를 세워야 합니다. 16세기 영성가 아빌라의 테레사(Teresa)는 이런 말을 했습니다.

"주님은 솥단지와 냄비들 사이로도 걸어 다니신다."

하나님은 우리가 주방에서 일할 때도 함께하신다는 의미입니다. 부모가 언제 어디서 무슨 일을 하든 하나님과 동행하면, 자녀는 부모의 권위를 인정하게 됩니다. 부모의 일상은 자녀에게 복리로 쌓입니다. 삶으로 인정받은 권위는 교육적 효과가 큽니다. 그러니 부모는 삶으로 가르쳐야 합니다. 팬데믹으로 인해 가정과 부모의 역할이 더 커지고 강조되고 있습니다. 부모가 부드러운 권위를 가지고 교육한다면 위기는 기회가 되며, 가정은 가장 안전하며 행복한 교육의 장이 될 것입니다.

PART 2

관계의 거듭남

"또 아비들아 너희 자녀를 노엽게 하지 말고
오직 주의 교훈과 훈계로 양육하라"
- 엡 6:4 -

"반항하는 아이를 온화하게 지도하라. 아이는 감정 조절 능력이 미숙해서 쉽게 흥분할 수밖에 없다. 부모는 아이가 좌절을 받아들일 수 있는 범위 안에서 좌절을 겪도록 아이의 생활을 잘 안배하는 노력이 필요하다. 강제로 무엇을 시키거나 못하게 하지 않고 엄격하게 교육하되 아이가 이를 감당할 수 없을 지경까지 치달아서는 안 된다."

칼 비테(Karl Witte), 『칼 비테의 자녀교육 불변의 법칙』

메타버스 세대를 교육하기 위한 30가지 부모 질문

부모 거듭남

밥보다 애착

아이가 어렸을 때는 거의 모든 일에 부모를 찾고 의지했습니다. 그래서 아이와 깊은 유대관계가 있었습니다. 그런데 아이가 성장하면서 부모를 찾는 일도 적어지고, 그러다 보니 아이와 함께 보내는 시간도 줄어들게 되었습니다. 아이는 부모보다는 친구와 인터넷과 소통합니다. 어떻게 아이와 친밀감을 회복할 수 있을지 고민입니다.

작가가 누구인지 모르겠지만 '어머니의 손'이란 시를 읽었습니다.

땅속 깊이 박혀 있는 나무라도
몰아치는 폭풍에 뽑혀지고
제아무리 견고한 교량이라도
쏟아져 내리는 폭우에는 결국 무너져 내리건만
거센 폭풍과 세찬 폭우에도 절대 끊어지지 않는 것은

우리를 잡고 있는
어머니의 손

제 어머니의 손 역시 일을 많이 해서 거칠지만 자녀를 절대로 놓지 않는 손입니다. 어머니의 손은 강할 뿐만 아니라 부드러운 약손입니다. 어릴 적 배앓이를 할 때면 어머니는 배를 어루만지며 "엄마 손은 약손, 엄마 손은 약손" 하고 낮게 읊조리셨습니다. 그런데 신기하게도 얼마 후면 배가 편안해지는 겁니다. 그 느낌이 너무 좋아서 아프지 않은데도 배가 아프다며 어머니에게 배를 내밀었던 기억이 있습니다. 어머니의 손은 배만 낫게 하는 것이 아니라 마음의 아픔도 낫게 해 주었습니다. 힘들고 어려운 일이 있을 때 어머니가 손을 잡거나 등을 쓸어내리며 이야기하시면 아픔도 씻겨 내려가는 것 같았습니다. 어머니의 손은 마법과도 같았습니다.

자녀가 부모에게 기대하는 바는 밥보다 애착입니다. 부모의 애착이 빠진 밥을 먹고 자란 아이는 어쩐지 거칩니다. 하지만 밥은 조금 부족해도 부모의 애착을 먹고 자란 아이는 연한 순처럼 자라게 됩니다. 심리학자 존 볼비(J. Bowlby)는 영아와 어머니의 정서 유대를 설명하면서 애착 이론을 제시했습니다. 애착이란 개인의 애착 상태와 질(質)을 포괄하는 용어로써, 좋아하는 대상에 접근하거나 접근을 유지하려는 일련의 행동 양식을 말합니다. 모든 사람이 다 그렇지만 자녀는 특히 애착 욕구가 강합니다. 유아기에 건강한 애착 형성에 실패하면 평생을 대인관계에서 실패할 수 있습니다.

심리학자 메리 에인즈워스(Mary Ainsworth)는 수많은 실험을 통해 애착 유형을 네 가지로 정리했습니다. 첫째는 안정 애착형으로, 여기에 해당하는 65%의 아동은 어머니와 떨어져도 능동적으로 위안의 대상을 찾고 쉽게 안정 상태로 돌아옵니다. 둘째는 회피 애착형으로 실험 아동의 20%가 이에 해당하며, 어머니에게 무관심하고 분리 불안을 크게 느끼지 않습니다. 셋째는 저항 애착형으로 실험 아동의 10~15%가 이에 해당하며, 어머니가 있을 때도 불안해하고 어머니가 떠나면 심한 분리 불안을 보입니다. 넷째는 혼란 애착형으로 실험 아동의 5~10%가 해당하며, 불안정 애착이 심하고 회피 애착과 저항 애착이 뒤섞인 형태로 나타납니다.

자녀와 어떤 유형의 애착관계를 맺고 있습니까? 애착관계를 높이는 것은 내신 성적을 올리는 것보다 중요합니다. 부모와 자녀 사이의 애착 유형이 앞으로 관계를 맺게 될 모든 사람과의 관계에 영향을 미치기 때문입니다.

요즘은 변화의 속도가 너무 빨라서 미래 사회를 예측하기 힘듭니다. 하지만 한 가지 분명한 사실은 미래에 가장 필요한 사람은 안정 애착형의 사람, 대인관계 능력이 탁월한 사람이라는 것입니다.

어떻게 하면 자녀와 안정적인 애착관계를 맺을 수 있을까요?

첫째, 부모로서 일관되고 건강한 반응을 자녀에게 보이는 것입니다. 부모가 일관되지도 않고 반응을 보이지 않으면 자녀는 불안해하며 심리적 위협을 느끼게 됩니다. 둘째, 자녀의 행동을 교정할 일이 있다면, 일관되게 훈육하되 손이라도 잡고 이야기하는 것입니다. 손은 마법과 같아서 듣기 싫은 이야기도 손을 잡고 하면 사랑이 전달됩니다.

밥보다 애착이 먼저입니다. 건강한 애착은 부모가 자녀에게 줄 수 있는 최고의 선물입니다.

편견 없이 바라보기

저는 아이가 자라서 과연 무슨 일을 할 수 있을지 걱정이 됩니다. 학원에 가거나 집에서 공부할 때면 제대로 집중하지 못하고, 핑계를 대면서 학원에 가지 않으려고 하거니와 친구들과 어울릴 생각만 합니다. 아이에 대한 기대와 바람이 점점 없어져서 어떻게 이 문제에 접근해야 할지 마음이 답답합니다.

좋은 책은 읽을 때마다 다른 감동을 줍니다. 『나의 라임 오렌지 나무』가 바로 그런 책 중 하나입니다. 『나의 라임 오렌지 나무』는 제제라는 소년의 성장기를 다룬 책입니다. 호기심 많은 다섯 살 제제는 매일 사고를 칩니다. 그런 제제를 부모와 형제들은 이해하지 못했고, 부모는 처벌하는 것으로 제제의 행동을 교정하려 했지만 소용이 없습니다. 누구한테도 이해받지 못한 제제는 급기야 자신은 태어나지 말았어야 할 '악마'라고 여기게 됩니다. 그런 제제가 두 어른, 세실리아 선생님과 뽀르뚜가 아저씨를 만난 뒤 변화되기 시작합니다.

학교에 입학한 제제는 다른 선생님의 꽃병과 달리 세실리아 선생님의 꽃병이 비어 있음을 알아차립니다. 제제는 선생님의 마음이 상할까 봐 다른 집 정원 담장을 넘어 예쁜 꽃을 꺾어 옵니다. 이를 알게 된 선생님은 제제의 손을 잡으며 이렇게 말해 줍니다. "이 병은 결코 비어 있지 않아. 난 이 병을 볼 때마다 이 세상에서 가장 아름다운 꽃을 보게 될 거야. 그리고 이렇게 생각할 거야. '내게 이 꽃을 갖다 준 아이는 세상에서 가장 착한 나의 학생이야'라고. 그럼 됐지?" 그리고 선생님은 제제에게 미소를 보이며 아주 부드럽게 말합니다. "이제 가 봐, 황금 같은 마음씨를 가진 아이야." 세실리아 선생님은 제제의 어머니와 달리 제제의 선한 의도를 알아주었습니다.

뽀르뚜가 아저씨 역시 좋은 어른이었습니다. 한번은 제제가 아저씨에게 이렇게 말했습니다. "내가 없어지면 우리 집 식구들은 모두 기뻐할 거예요. 모두 한시름 놓을 거라고요…. 만약 아빠가 안 주시겠다고 하면 날 사겠다고 하세요. 아빤 돈이 한 푼도 없으시거든요. 아빠는 분명히 날 팔 거예요." 뽀르뚜가 아저씨는 그런 제제가 안쓰러워 눈물을 흘립니다. 그러자 제제가 이렇게 말합니다. "있잖아요, 뽀르뚜가! 나를 아들로 삼기 싫다고 해도 상관없어요. 당신을 울리려고 한 말은 아니었어요." 뽀르뚜가 아저씨는 아주 천천히 제제의 머리를 쓰다듬으며 말했습니다. "그래서 그런 게 아니다, 애야. 인생이란 생각처럼 그렇게 쉬운 게 아니야. 하지만 한 가지 약속하마…. 지금까지도 널 아들처럼 사랑해 왔지만, 앞으로도 진짜 친아들로 대해 주마." 뽀르뚜가 아저씨는 제제의 아버지와 달리 제제와 깊은 우정을 나누는 어른이었습니다.

부모의 눈에 비친 제제는 미성숙한 사고뭉치였습니다. 하지만 뽀르뚜가 아저씨와 세실리아 선생님의 눈에 비친 제제는 그저 사랑받아 마땅한 어린아이였습니다. 편견 없이 제제를 바라보았기 때문입니다.

부모는 자녀에 대해 객관적이지 못할 가능성이 큽니다. 자녀에 대한 기대감 때문에, 또는 자녀에 대한 실망감 때문에 객관적인 시선을 갖지 못합니다. 예수님의 가족들 역시 예수님에게 편견을 가졌습니다.

"이는 그 형제들까지도 예수를 믿지 아니함이러라" 요 7:5

칼 비테(Karl Witte)는 19세기 독일인으로 일찌감치 천재로 유명세를 떨쳤습니다. 9세 무렵에 6개 국어에 능통하고, 10세에 최연소로 라이프치히대학교에 입학했으며, 13세에 기젠대학교에서 철학박사 학위를 받고, 16세에 하이델베르크대학에서 법학박사를 취득했습니다. 그의 이력만 보면 칼 비테는 태어날 때부터 남다른 아이였지 않을까 생각됩니다. 하지만 사실은 정반대입니다. 칼 비테는 미숙아로 태어났으며 마을 사람들이 걱정할 정도로 발달이 늦은 아이였습니다. 하지만 그의 아버지 칼 비테 목사는 남다른 교육관으로 자녀를 양육했습니다. 한마디로 말하면 '편견 없이 아이를 존중하는 것'이 그의 교육관이었습니다. 아이가 비록 부족해 보이고 미숙해 보여도 한 명의 어른처럼 대우한 것인데, 그가 쓴 『칼 비테의 자녀교육법』에서 그는 이렇게 말했습니다.

"아이의 자존심을 보호하는 것은 자녀 교육의 전제 조건이다… 부모는 아이의 명예감을 보호해야 한다."

부모는 자녀를 편견 없이, 있는 그대로 사랑해야 합니다. 부모의 눈에서 편견을 걷어 낼 때 자녀는 참 자신의 모습으로 살아갈 수 있습니다. 부모가 먼저 자녀를 있는 그대로 바라보고, 더 나아가 그 안에 있는 선함에 초점을 맞출 때 자녀는 자신이 가진 씨앗을 꽃피울 것입니다.

내 자녀의 마음은 고무공인가, 유리공인가?

세상이 급격하게 변하여 미래를 예측하기가 힘든 게 사실입니다. 변화무쌍한 세상에서 우리 아이가 잘 적응하여 사회의 건전한 구성원으로서 직장 생활을 하고 가정을 이룰 수 있을지 걱정이 되기도 합니다. 앞으로 변화될 세상에 아이들에게 필요한 것이 무엇일까요?

자고 일어났는데 왼쪽 얼굴에 베개 자국이 선명하게 찍힌 겁니다. 조금 지나면 괜찮아지겠지 했는데 파인 피부는 펴질 생각이 없어 보입니다. 결국 그 자국을 지우지 못하고 출근을 했습니다. 만나는 사람들한테 왼쪽 얼굴을 보여 주지 않으려 애를 써야 했죠. 10년 전만 해도 금방 펴졌는데 확실히 피부 탄력이 떨어진 모양입니다. 그런데 피부 탄력보다 더 중요한 게 마음 탄력입니다. 마음은 무쇠가 아닙니다. 마음도 때리면 휘어지고 구겨지고 더 때리면 금이 가고 결국에는 깨져 버립니다. 마음 근육이 발달하여 원래 상태로 돌아오는 탄력이 있다면 다행입니다. 하지만 대부분은 고무찰흙처럼 탄력이 떨어집니다. 손으로 때리면 손자국, 발로 차면 발자국이 남습니다. 어떻게 해야 마음의 탄력을 높일 수 있을까요?

카우아이 섬에서 행한 실험이 그 실마리를 제공해 줍니다. 카우아이는 '정원의 섬'(Garden Island)이란 별명으로도 불리는데요. 영화 「쥬라기 공원」 촬영지로도 유명합니다. 하지만 카우아이 섬이 원래부터 아름다운 섬이었던 것은 아닙니다. 미국의 50번째 주로 선정되기 전까지 카우아이의 주민은 대부분 가난과 질병에 시달렸으며 범죄자와 정신질환자들이 많았습니다. 1955년 미국에서 카우아이를 대상으로 실험을 하나 진행했습니다. 1955년 섬에서 태어난 신생아 833명을 대상으로, 이들이 30세가 될 때까지의 삶을 추적 조사한 것입니다. 주된 연구는 '어릴 때의 경험과 사건이 삶에 미치는 영향'에 대한 것이었습니다. 연구 결과, 부모의 잘못된 양육 방식이 자녀에게 부정적인 영향을 준다는 것이 밝혀졌습니다. 여기까지는 누구나 알고 있는 내용입니다.

여기에 그치지 않고 에미 워너(Emmy Werner) 교수는 진짜 열악한 환경에 놓인 아이들 201명을 추려서 심층 조사를 했습니다. 이들은 극빈층에 속하거나 심각한 가정불화를 겪었고, 부모가 모두 별거하거나 이혼한 상태, 부모가 한쪽 혹은 양쪽 모두 알코올중독 혹은 정신이상자들이었습니다. 이런 환경에서 자란 201명의 아이들 가운데 3분의 2는 부모와 비슷하거나 더 안 좋은 처지가 되었습니다. 그런데 3분의 1에 해당하는 72명은 별다른 문제가 없었습니다. 별다른 문제가 없었을 뿐만 아니라 도리어 더 정서적으로 안정되고 매력적인 성인으로 성장했습니다. 이들은 성적이 상위권이고 독서력이 뛰어나며 SAT 상위 10% 안에 들고 정서적으로도 안정적이었습니다.

에미 워너는 이런 현상을 보고 두 가지 질문을 던졌습니다. '어려운 환경에서도 이들이 훌륭한 청년으로 성장할 수 있었던 비결은 무엇인가?'가 첫 번째 질문입니다. 에미 워너는 이 속성을 '회복 탄력성'(Resilience)이라고 불렀습니다. 회복 탄력성이 있는 사람은 역경을 극복할 뿐만 아니라 성장의 밑거름으로 삼는다는 것입니다. 고무공은 바닥으로 내리치면 처음 바닥으로 떨어진 시점보다 더 높이 뛰어오릅니다. 한마디로 탄성 좋은 고무공과 같은 것입니다.

두 번째 질문은 '어떻게 하면 회복 탄력성을 가질 수 있을까?'입니다. 연구 결과, 회복 탄력성을 지닌 사람들에게 공통된 하나의 조건을 발견했는데, 그것은 바로 아이의 입장에서 무조건 이해해 주고 받아 주는 어른이 적어도 그 아이의 인생에서 한 명은 있었다는 것입니다.

그렇습니다. 한 사람이면 족합니다. 아이를 무조건적으로 이해하고 기댈 언덕이 되는 사람이 한 명만 있어도 아이의 마음은 유리공이 아니라 고무공이 될 수 있습니다. 한번 떨어지면 산산조각 나는 유리공이 아니라, 몇 번이고 다시 튀어 오르는 고무공이 될 수 있습니다. 해표지증이란 장애를 입고 태어난 닉 부이치치(Nick Vujicic)는 유리공이 될 수 있었습니다. 하지만 그에게는 늘 "He is Beautiful!"이라고 말해 주는 아버지가 있었습니다. 삼중고를 겪은 헬렌 켈러는 유리공이었습니다. 하지만 그의 곁에는 48년 동안 함께해 준 설리번 선생님이 있었습니다. 헬렌 켈러는 다음과 같이 말했습니다. "세상에는 고통이 가득하지만, 그것을 극복하는 힘도 가득합니다." 헬렌은 설리번 선생님이 있었기에 고무공이 될 수 있었습니다.

이제, 자녀의 마음을 살펴봅시다. 자녀의 마음은 고무공일까요, 유리공일까요? 자녀의 회복 탄력성을 위해서 나는 부모와 교사로서 무엇을 하고 있습니까? 나의 언어와 표정은 자녀의 마음에 어떤 영향을 미치고 있습니까?

감사의 언어, 사랑의 언어를 더욱 많이 씁시다. 우리의 언어가 자녀의 마음에 탄성을 회복시켜 주도록 합시다.

자녀의 꿈을 키우는 부모

4차 산업혁명 시대에는 사회가 빠르게 변하고 있습니다. 많은 직업이 10년 안에 없어지고 새로운 직업이 생긴다고 들었습니다. 이런 상황에서 아이에게 어떤 것을 가르쳐야 할지 고민입니다.

뱀잡이수리는 독수리의 일종으로 하늘 높이 날다가 먹이를 발견하면 쏜살같이 내려가 먹이를 낚아채는 민첩한 새입니다. 그런데 땅에 내려와 먹이를 먹고 있을 때 갑자기 사자나 표범 같은 맹수의 습격을 받게 되면, 바로 잡아먹히고 만다고 합니다. 하늘을 나는 뱀잡이수리가 맹수들에게 잡아먹힌다는 것이 선뜻 이해되지 않습니다. 하지만 뱀잡이수리는 맹수들이 공격하는 순간, 날지 않고 혼신의 힘을 다해 뛴다고 합니다. 위기의 순간에 당황한 나머지 자신이 날 수 있다는 사실을 잊는 것입니다.

이런 일은 뱀잡이수리에게만 일어나는 게 아닙니다. 사람들에게도 일어납니다. 특히 한껏 꿈을 꾸고 자신만의 달란트를 발견해 높이 날아야 할 청소년들에게 자주 일어납니다. 청소년기는 꿈을 꾸며 자신의 특별한 달란트를 발견하고 계발하도록 허락된 시기입니다. 그런데 현재 우리 사회의 청소년들은 입시 전쟁을 넘어서 입시 지옥 속에 살고 있습니다. 그래서 꿈을 꾸기도 전에 좌절부터 경험합니다. 청소년들이 꿈을 꾸고 날아오르도록 도와야 합니다.

하늘을 날 수 있는 아이들은 하늘로 비상할 수 있도록 도와주어야 합니다. 바다에서 헤엄칠 수 있는 아이들은 깊은 바닷속을 탐험할 수 있도록 도와주어야 합니다. 각자에게 주어진 달란트와 사명을 따라 하나님이 허락하신 삶을 살 수 있도록 도와주어야 합니다. 이것이 하나님이 부모에게 부여하신 거룩한 사명입니다. 부모의 사명은 자녀가 꿈을 키울 수 있도록 도와주는 것입니다. 부모는 자녀의 꿈을 키워 주기 위해 다음과 같은 도움을 주어야 합니다.

첫째, 자녀가 하나님을 만날 수 있도록 도와주어야 합니다.

하나님을 모르는 자녀는 정체성의 혼란을 겪게 됩니다. 나의 출생을 알아야 안정된 정체성 속에서 꿈을 꾸게 됩니다. 자녀는 부모를 통해서 이 땅에 왔지만, 하나님이 창조하셨습니다. 그러므로 자녀는 자기를 창조하신 하나님을 만나야 제대로 된 꿈을 꿀 수 있습니다.

둘째, 자녀가 자신의 인생을 살 수 있도록 도와주어야 합니다. 자녀에게 주어진 시간은 한정되어 있습니다. 그 한정된 시간에 남의 인생을 사는 것만큼 안타까운 일도 없습니다. 자녀가 남과 비교하며 남처럼 되기 위해 인생을 허비하는 것이 아니라, 자신만의 사명을 발견해 자신의 인생을 살 수 있도록 도와주어야 합니다. 프랑스의 정신분석학자 라캉(Jacques Lacan)이 "인간은 타자의 욕망을 욕망한다"라고 말했지만, 우리 자녀는 타자의 욕망을 충족하기 위해서가 아니라 하나님의 사명을 이루기 위해 살아가야 합니다. 아무리 부모가 원한다 할지라도 부모의 욕망이 아니라 자신의 사명을 따라 살아야 합니다.

셋째, 자녀의 회복 탄력성을 길러 주어야 합니다. 회복 탄력성은 심리학에서는 주로 시련이나 고난을 이겨 내는 긍정적인 힘을 의미합니다. 회복 탄력성은 4차 산업혁명 시대를 살아가는 자녀들에게 매우 중요한 삶의 요소입니다. 자녀가 앞으로 살아갈 미래 사회는 예측이 불가능합니다. 어떤 직업이 새롭게 등장하고 어떤 직업이 영원히 사라질지 알 수 없습니다. 더군다나 그 시대에는 업무 수행 능력을 놓고 로봇과 경쟁해야 할 것입니다. 그래서 회복 탄력성이 더욱 중요합니다. 회복 탄력성이 강화되면 부정적인 정서인 두려움을 극복해 자신을 자신되게 만들고, 상황이 바뀌면 그 상황에 맞춰 자신의 인생을 살아가게 만듭니다.

위드 코로나 시대에 '코로나19 블루'(코로나19로 인한 우울감)가 급증하고 있습니다. 코로나19 때문에 모두 힘들지만, 누구보다 우리 자녀들이 우울감을 크게 느끼고 있습니다. 학교 수업을 제대로 받지 못하고, 학교와 교회라는 공동체 속에서 경험하며 배우는 학습을 하지 못하며, 미래는 불투명하기 때문입니다. 이런 때일수록 부모는 자녀가 희망찬 미래를 꿈꿀 수 있게 도와야 합니다. 여러분의 자녀가 꿈을 먹고 자라나길 축복합니다.

내려놓음 연습하기

아동 교육 전문가들은 부모가 하지 못한 것을 자녀한테 요구하지 말라고 합니다. 그래서 강요하지 않으려 하는데 살아 보니 아이에게 필요한 것, 더 도움되는 길이 보여 자꾸 아이에게 권하게 됩니다.

지인의 자녀 돌잔치에 참석했습니다. 돌잔치의 하이라이트는 역시 돌잡이 순서입니다. 과연 이 땅에서 12개월밖에 살아 보지 못한 저 아기는 무엇을 움켜쥘 것인가? 돌잡이가 아이의 인생에서 무슨 의미가 있겠냐 싶지만, 그럼에도 부모는 특별한 의미를 두고 지켜봅니다. 심지어 어떤 부모는 아기가 돌잡이 물건을 잡으려 할 때 자기가 원하는 것으로 바꿔치기를 합니다. 부모가 생각하기에 더 가치 있는 것을 자녀가 잡기를 원하기 때문입니다. 한바탕 웃고 끝날 일이지만 생각해 보면 인생은 뭔가를 움켜쥐려고 애쓰고, 결국 그 뭔가를 움켜쥐면 또한 내려놓게 되는 일로 가득합니다.

부모는 자녀가 더 좋은 것을 움켜쥐길 원합니다. 더 나아가 부모는 좋은 것을 움켜쥐게 하려고 자녀를 이리저리 쥐고 흔듭니다. 자녀에 대한 애착이 집착으로 변질되는 순간입니다. 누구도 행복하지 못한 순간입니다. 쥐고 흔드는 부모도, 흔드는 대로 흔들리는 자녀도 다 힘듭니다. 자녀는 부모의 아바타가 아닙니다.

삶은 내려놓음의 연속입니다. 그런데 왜 자녀 문제만큼은 내려놓지 못할까요? 남의 자녀에 대해서는 그렇게 이해심이 깊고, 너그럽고, 인자할 수가 없으면서, 막상 자기 자녀한테는 그게 안 됩니다. 내 목숨보다 더 소중한 존재이기에 그렇겠지요. 하지만 그렇기에 부모가 자녀에게 흘려보내는 사랑을 조절할 필요가 있습니다. 물은 배를 띄우기도 하지만 배를 엎어 버리기도 합니다. 부모가 자녀에게 흘려보내는 사랑은 자녀를 띄우기도 하지만 엎어 버릴 수도 있습니다.

부모는 내려놓음을 연습해야 합니다. 내려놓음은 포기가 아니라 존중입니다. 부모에게 최고의 기쁨은 자녀가 자율적인 존재로서 자신의 인생을 주도적으로 살아가는 것입니다. 이 기쁨을 누리는 부모는 내려놓을 줄 아는 사람입니다. 내려놓음을 위해 다음 두 가지 방법을 추천합니다.

첫째, 전지적 작가 시점에서 자녀를 보십시오.

전지적 작가 시점은 작가가 소설 속 인물의 내면세계와 외부 세계를 객관적인 관점에서 관찰하는 것입니다. 등장인물을 '그'로 지칭하기에 '삼인칭 시점'이라고도 합니다. 부모는 자녀의 삶에 주인공이 되려고 하지 말고, 자신과 분리해 자녀를 보는 연습을 해야 합니다. 우리는 드라마를 보면서 훈수를 참 많이 둡니다. "아이고, 저렇게까지 살지 않아도 되는데…", "저건 인생에서 중요한 게 아닌데", "자녀를 저렇게 교육해서는 안 되는데…." 다 맞는 말입니다. 자녀의 문제를 볼 때 좀 더 여유를 갖고 객관적으로 봐야 합니다. 하지만 이것은 부모이기 때문에 어렵습니다. 그래서 반드시 두 번째 관점이 필요합니다.

둘째, 전지전능하신 하나님의 시점에서 자녀를 보십시오.

부모는 자녀를 향한 하나님의 계획을 믿어야 합니다. 자녀를 향한 부모의 사랑은 자칫 자녀를 향한 하나님의 계획을 가릴 때가 있습니다. 자녀는 부모가 책임질 때보다 하나님이 책임질 때 안전합니다. 약은 약사에게 진료는 의사에게 자녀는 하나님께 맡겨야 합니다. 부모의 손때가 아니라 하나님의 손때가 묻은 자녀로 키워야 합니다. 자녀가 부모가 아니라 하나님을 바라보도록 해야 합니다.

"너는 청년의 때에 너의 창조주를 기억하라" 전 12:1

"여호와를 경외하는 것이 지혜의 근본이요 거룩하신 자를 아는 것이 명철이니라" 잠 9:10

한나는 자녀에 대한 애착이 강한 여인이었습니다. 자녀 문제로 얼마나 간절히 기도했는지 대제사장 엘리가 술 취한 여인이라 생각할 정도였습니다. 그런 한나에게 자녀가 생겼으니 애착은 집착으로 변질될 가능성이 컸습니다. 하지만 한나는 자녀를 얻을 때처럼 자녀를 키울 때도 하나님 앞에 내려놓습니다.

> "그러므로 나도 그를 여호와께 드리되 그의 평생을 여호와께 드리나이다 하고 그가 거기서 여호와께 경배하니라" 삼상 1:28

한나라도 쉽지 않은 결정이었을 것입니다. 내려놓으면 가야 할 방향이 보이고 움켜쥘 때 보지 못하던 행복이 보입니다. 내려놓음은 연습이 필요합니다. 내려놓아야 할 순간에 가볍게 내려놓을 수 있으려면 연습해야 합니다.

지식 교육보다 인성 교육이 먼저

아이가 학교 수업은 잘 따라가고 학원에서도 성실하게 공부하고 있습니다. 그러나 요즘 염려되는 것은 아이가 머리만 크지, 마음을 헤아리거나 남을 이해하고 소통하는 능력은 부족하다는 생각이 들었습니다. 4차 산업혁명 시대에는 인성도 무시해서는 안 된다고 하는데 어떻게 아이를 교육해야 할지 고민입니다.

요즘 들어 인성 교육의 중요성이 강조되고 있습니다. 코로나19 이후 온라인 폭력이 급증했습니다. 유명 연예인, 선수들의 학창 시절 폭력 사실이 밝혀지는가 하면, 특권 계층의 갑질 논란과 실추된 도덕성 문제가 잊을 만하면 등장합니다. 전 국민을 가슴 아프게 한 정인이 사건 역시 망가진 인성의 말로를 보여 줍니다. 이 모든 일의 근원은 결국 인성입니다.

이제 동방예의지국으로 불리던 나라에서 인성교육진흥법이 만들어지기까지 했습니다. 인성교육진흥법에서는 인성 교육을

'자신의 내면을 바르고 건전하게 가꾸고 타인, 공동체, 자연과 더불어 살아가는 데 필요한 인간다운 성품과 역량을 기르는 것을 목적으로 하는 교육'이라고 정의했습니다. 그런데 과연 인성을 법으로 기를 수 있을까요?

인성 교육에는 골든타임이 있습니다. 한번 비틀어진 나무는 계속 그 방향으로 자랄 수밖에 없듯이, 한번 잘못 형성된 인성은 바로잡기가 힘듭니다. 인성 교육은 초등학교 이전에 이루어져야 합니다. 최근 초등학생과 청소년을 대상으로 인성 교육을 강조하고 있으나 이미 골든타임을 놓친 상태입니다. 결국 인성 교육은 부모의 몫입니다.

이종재 전 한국교육개발원 원장 역시 가정에서의 인성 교육을 강조합니다. 4대째 하나님을 믿는 가정에서 자란 이종재 원장은 자녀 교육을 강조하면서 '착한 사람, 베풀 수 있는 사람, 말씀과 함께 동행하는 사람'으로 양육해야 한다고 말합니다. 그리고 인성 교육은 가정에서 주도해야 한다고 강조합니다. 그렇습니다. 인성 교육은 가정에서 부모가 주도해야 합니다.

자녀가 씨앗이라면 가정은 토양이고 부모는 태양과 같은 존재입니다. 인성 교육은 근본적으로 하나의 인격체로서 충분한 사랑을 경험하게 하는 것이기에 가정의 토양에는 사랑과 배려, 용납과 감사가 가득해야 합니다. 부모는 늘 말씀을 가까이하고 성실하게 살아가는 모습을 보여 주어야 합니다. 부모는 지식

교육보다 인성 교육이 먼저라는 교육관을 확실히 해야 합니다. 종종 부모들에게 이런 말을 듣습니다. "저 녀석은 착하기만 해서…" 좀 더 욕심을 내서 무언가 성취하기를 바라는 마음이 담겨 있습니다. 성취가 없을 바에야 착한 것도 소용없다는 마음입니다. 하지만 미래 사회에는 착한 것이 곧 실력입니다. 미래 사회에는 한 가지 분야의 전문 지식을 갖춘 인재보다 급변하는 시대와 조직의 변화에 유연하게 대처하고, 자신의 감정뿐만 아니라 타인의 감정까지 품어 주는 인재가 필요하기 때문입니다. 인성이 곧 실력입니다.

예수님의 모습에서 균형 잡힌 인성을 봅니다. 예수님은 성육신(Incarnation)하셨습니다. 성육신하신 예수님은 100% 인간이시고 100% 하나님이셨습니다. 그러므로 예수님은 완벽한 인성을 지니셨습니다. 어린 예수님에 대해 성경은 이렇게 말합니다.

> "예수는 지혜와 키가 자라 가며 하나님과 사람에게 더욱 사랑스러워 가시더라" 눅 2:52

예수님은 성장하면서 하나님과 사람들에게 더욱 사랑스러워지셨습니다. 예수님은 사람을 좋아하셨고, 사람들은 예수님을 좋아했습니다. 예수님은 이 땅에서 '인류 구원'이라는 중대한 사명에 집중하면서도 도움이 필요한 사람을 품어 주셨습니다. 한 예로, 예수님이 여리고를 지나가시다가 길가에 앉아 있는 거지 맹인 바디매오를 만난 이야기가 있습니다. 그는 예수님에 대한 소문을 듣고 "다윗의 자손이여 나를 불쌍히 여기소서"(막 10:48)라고 외쳤습니다. 주변 사람들은 그런 그를 꾸짖었으나 예수님은 도움을 구하는 맹인에게 따뜻한 긍휼의 마음을 베푸셨습니다. 인성이 풍성한 분이었습니다.

우리의 자녀가 실력보다 인성이 좋은 자녀가 되길 소망합니다. 자녀가 사람을 좋아하고, 사람들도 자녀를 좋아하길 기도합니다. 자녀가 하나님이 주신 사명을 위해 살아가지만 동시에 사람에 대한 사랑을 잃지 않기를 바랍니다. 인성이 곧 실력입니다. 자녀의 인성 교육에 헌신하는 부모가 되길 소망합니다.

꼰대가 아닙니까?

언제부턴가 자녀와 이야기할 때 훈계조가 되곤 해서 자녀가 듣기 싫다며 방으로 들어가 버립니다. 어떻게 하면 아이와 편하게 대화를 나눌 수 있을까요?

언제부터인가 '꼰대'라는 말이 등장하더니 이제는 국제적인 단어가 되었습니다. 2019년 5월 30일 영국의 경제지 「이코노미스트」에 '꼰대'가 소개되었고, 같은 해 9월 24일에는 영국의 공영방송사인 BBC의 공식 페이스북에 오늘의 단어로 '꼰대'(Kkondae)가 선정되었습니다. '꼰대'는 '권위적인 사고를 가진 어른을 비하하는 학생들의 은어'로 최근에는 '꼰대질을 하는 사람'을 뜻합니다. 꼰대는 꼭 나이 차이가 많이 나는 사람을 지칭하는 말이 아닙니다. 최근에 '젊꼰'(젊은 꼰대)까지 등장했습니다. 아시다시피 학교와 군대, 직장에서 나를 가장 힘들게 하는 사람은 바로 윗기수입니다. 이들이 바로 '젊꼰'입니다.

꼰대라는 낙인이 찍히면 이들의 충고는 '라떼'(나 때는 말이야)가 되어 '카푸치노'(말에 거품이 많이 들어갔다) 취급을 받습니다. 이들은 눈치 없는 어른 취급을 받기도 합니다. 이런 세대 간의 갈등은 사회적으로 큰 문제를 야기합니다. 삼성경제연구소의 발표에 따르면, 우리나라 갈등 관리 비용이 연간 82조 원에서 246조 원에 이른다고 합니다.

부모가 자녀들에게 꼰대가 되지 않기 위해서는 어떻게 해야 할까요? 사실 세대 차이를 가장 극명하게 느끼는 공간이 가정입니다. 한 지붕 아래 다양한 세대가 함께 살아갑니다. 세대구분에 대한 다양한 자료가 있지만, 김대식의 『메타버스 사피엔스』에서 정리한 바에 의하면 다음과 같습니다. 조부모 세대인 베이비 붐 세대(1950-1964), 부모세대인 X 세대(1965-1979년), 청년 세대인 밀레니엄 세대(1980-1994), 학령기인 Z 세대(1995년 이후)가 한 지붕아래 어우러져 살고 있습니다. 이렇게 다양한 세대가 어울려 살다 보니 세대 차이가 생기고 그로 인한 세대 갈등이 일어납니다.

이런 세대 갈등을 해결하기 위한 방법은 무엇일까요? 갈등을 해결하는 키는 윗세대에 있습니다. 윗세대가 시대의 변화를 인정하고 다음세대와 공존하기 위한 노력을 해야 합니다. 마찬가지로 가정에서 부모가 꼰대가 되지 않기 위해 노력해야 합니다.

허두영 씨는 『요즘 것들』(사이다)이란 책에서 꼰대의 세 가지 특징을 이렇게 정의했습니다. "첫째는 듣지(Listen) 않는다. 둘째는 배우지(Learn) 않는다. 셋째는 버리지(Leave) 않는다." 그렇다면 부모가 꼰대가 되지 않고 자녀와 공존하기 위해서는 이 세 가지를 반대로 하면 됩니다.

첫째, 자녀의 소리를 들어야(Listen) 합니다.

자녀가 부모와 대화할 때 가장 답답해하는 부분이 부모의 '답정너' 식의 대화입니다. 부모가 원하는 답은 이미 정해져 있고 자녀에게 일방적으로 따르라고 한다면, 자녀는 입을 닫을 것입니다. 부모는 '나의 생각이 틀릴 수도 있다'는 열린 마음으로 자녀를 대하고 자녀에게 이렇게 물어야 합니다. "너의 생각은 어떻니?" 생각이 없는 것 같아 보여도 자녀의 인생에 대해 가장 많이 고민하는 사람은 자녀 자신입니다. 따라서 부모는 자녀의 소리를 들어야 합니다.

둘째, 자녀가 생각하는 대안에 대해 배워야(Learn) 합니다.

세대가 변하면 정보를 수집하고 처리하는 방법이 달라지고 그에 따라 생각의 차이도 생깁니다. 부모 시대에 맞는 방법이 지금 시대에는 맞지 않을 수 있습니다. 부모의 삶을 지탱한 방법이 자녀 시대에는 맞지 않을 수 있습니다. 그러므로 자녀가 내린 결론과 방법이 부모가 보기에 불안해 보여도, 이런 차이를 배움으로 여겨야 합니다. 자녀에게 배운다는 태도를 지니는 것만으로도 자녀는 자신의 삶에 부모를 위한 자리를 마련해 줄 것입니다.

셋째, 기득권을 내려놓아야(Leave) 합니다.

자녀는 비합리적인 것을 이해하지 못합니다. 부모라는 이름으로 자녀에게 비합리적인 것을 강요하면, 자녀는 부모를 존중하지 않을 것입니다. 부모라는 이유로 '감히', '어떻게 네가', '뭘 안다고', '일단 시키는 것을 해' 등의 닫힌 대화를 하면, 자녀는 귀와 입과 마음을 차례로 닫을 것입니다. 자녀에게 존중받기 위해서는 부모의 기득권을 버려야 합니다. 과거의 문화와 삶의 방식에 갇혀서는 안 됩니다.

여기서 마지막으로 하나를 덧붙이고자 합니다. 넷째, 하나님을 사랑해야(Love) 합니다.

이것이 방점입니다. 꼰대가 되지 않기 위해 자녀의 소리를 듣고(Listen), 자녀의 방법을 배우고(Learn), 부모로서 기득권을 내려놓았는데도(Leave), 자녀가 부모를 꼰대 취급하고 제멋대로 하면 어떻게 합니까? 역시 답은 하나님밖에 없습니다. 하나님을 더 많이 사랑하고 더 많이 의존해야 합니다. 하나님이 자녀를 책임져 주신다는 믿음을 가지고 하나님을 더 많이 사랑해야 합니다. 부모가 하나님을 전심으로 사랑하는 모습을 자녀에게 보여 주면, 자녀는 부모의 권면을 단순한 부모의 말이 아닌 하나님의 말씀으로 듣게 됩니다. 부모가 하나님과 친밀해

질수록 부모의 말에는 무게감이 더 실립니다.

부모, 꼰대가 되지 않기 위해 이 네 가지 'L'을 꼭 붙들기를 바랍니다.

내 자녀를 존중하는 아버지 대화법

어느 날부터인가 아이가 "아빠와는 대화가 안 돼요"라고 말하며 방으로 들어가 버리는 일이 많아졌어요. 어떤 방식으로 말을 해야 아이와 소통할 수 있을까요?

흔히 부모는 숫자를 1, 2, 3밖에 셀 줄 모른다고 합니다. "아빠가 하라고 했지! 하나, 둘, 셋!" 어느 집이나 한 번쯤은 벌어지는 풍경입니다. 내 몸에서 난 자식인데 왜 이렇게 대화가 안 되는지, 답답한 순간을 수없이 경험합니다. 사실 모든 갈등은 대화에서 시작됩니다. 사건을 더 심각하게 만드는 것 역시 대화입니다. 대화 방식에 따라 별것 아닌 문제도 큰 문제로 변질됩니다.

보통 이런 식의 대화라면 그 결과는 대충 짐작이 갑니다.

"아빠가 뭐라고 그랬어!"

"자꾸 말대꾸할래!"

"다 너를 위한 거야."

"넌 아직 어려서 잘 몰라."

"네가 그런 식으로 하면 친구들이 좋아하겠니?"

이런 식의 대화에서 전제는 '난 부모니까!'입니다. 이런 대화는 자녀의 입장에서는 대화가 아닌 설교, 충고, 요구, 교육, 때로는 협박입니다. 이때 자녀는 입, 귀, 마음을 닫습니다. 대화가 길어질수록 문제가 해결되는 것이 아니라 분노, 짜증, 우울, 갈등이 깊어집니다. 자녀와 소통을 잘하고 존중받기를 원한다면 먼저 자녀를 존중해야 합니다.

『내 아이를 위한 비폭력 대화』(군디 가슐러·프랑크 가슐러 공저, 양철북)에는 자녀를 존중하며 대화하는 방법이 나옵니다. 이전보다 가족과 더 많은 시간을 보내고 있는 '위드 코로나 시대'에 꼭 읽어야 할 책이라고 생각합니다. 책의 내용에 저의 생각을 첨언하여 아버지 대화법을 정리하면 다음과 같습니다.

첫째, 자녀에게 바라는 점이 있다면 아버지가 먼저 그렇게 살아야 합니다.

실제 연구 결과에 따르면, 평생 교육에서 배우는 건 단 5%밖에 안 되고, 우리가 기억하는 것의 95%는 가족과 사회의 상호작용에서 나온 것이라고 합니다(Mendizza and Pearce, *Magical Parent, Magical Child*). 그만큼 자녀에게 부모의 영향력은 절대적입니다. 따라서 아버지는 말이 아닌 삶으로 자녀를 가르쳐야 합니다. 삶이 뒷받침되는 아버지의 말은 자녀의 삶에 커다란 영향을 미칩니다. 이제 가정에서 아버지로서 진실되게 살아가는 모습을 자녀에게 보여 주어야 합니다. 백문불여일견(百聞不如一見)입니다.

둘째, 아버지가 자녀와 협력해야, 협력할 줄 아는 아이로 자랍니다.

협력(Co-operate)에서 'co'는 '함께, 공동의'라는 뜻이고 'oper'는 '일한다'라는 뜻입니다. 그러므로 함께 일하는 것이 협력입니다. 아버지는 협력에서 '협'을 배워야 합니다. 아버지가 일방적으로 결정을 내리고, 자녀는 무조건 따라야 한다고 강요하는 것은 폭력입니다. 보통 남자들의 공감 능력은 여자들보다 떨어진다고 합니다. 그럼에도 아버지는 자녀의 이야기를 공감하기 위해 노력해야 합니다. "라떼는 말이야"라고 외치는 순간 대화에서 '협'은 사라지고 힘겨루기만 남게 됩니다. 자녀는 아버지와의 대화를 통해 세상을 배우게 됩니다. 아버지가 자녀와 협력하는 대화를 한다면 자녀는 세상과 협력하며 살아가게 될 것입니다.

셋째, 자녀의 행동 뒤에 있는 감정을 존중해야 합니다.

자녀는 아무 이유 없이 어떤 행동을 하지 않습니다. 그러므로 아버지는 잘못된 자녀의 행동을 보고 그 행동 뒤에 숨겨진 자녀의 감정도 볼 수 있어야 합니다. '~하지 마!'라고 말하기 전에 자녀가 무엇을 하고 싶어 하는지를 볼 수 있어야 합니다. 자녀의 행동을 통제하려고 하기 전에 자녀가 감정을 주도적으로 표현할 수 있게 해 줘야 합니다.

성경은 말합니다.

> "또 아비들아 너희 자녀를 노엽게 하지 말고 오직 주의 교훈과 훈계로 양육하라" 엡 6:4

부모가 자녀를 교육한다고 하면서 노엽게 했다면 그것은 이미 교육이 아닙니다. 오직 주의 교훈과 훈계로 양육해야 합니다. 주님은 삶과 말이 일치된 삶을 사셨습니다. 그리고 강압적인 힘이 아니라 인격적으로 대화를 이끌어 가십니다. 주님은 우리의 감정을 공감하고 존중하십니다. 그래서 주님을 가까이 하는 사람은 누구나 교훈과 지혜를 얻습니다. 바로 이런 일들이 우리 가정의 아버지와 자녀의 대화에서도 일어나길 축복합니다.

삶이 곧 가르침

요즘 아이들한테 가장 많이 하는 말이 "휴대폰 좀 그만보고 책 좀 읽어라"입니다. 코로나19로 집에 있는 시간이 많아지면서 아이들은 시간 관리를 하지 못해 생활 습관이 다 무너졌고 부모의 말은 잔소리로 여깁니다. 어떻게 아이들의 생활 습관을 바로잡아 줄까요?

'어떤 가르침이 좋은 가르침일까?'

'어떤 가르침이 바른 가르침일까?'

다음세대 사역을 하면서 늘 마음속에 되뇌는 질문입니다. 세상에는 네 종류의 스승이 있다고 합니다. 첫째는 남도 못 가르치고 자신도 못 가르치는 스승입니다. 둘째는 남은 못 가르치지만 자신은 잘 가르치는 스승입니다. 셋째는 남은 잘 가르치지만 자신은 못 가르치는 스승이고, 넷째는 남도 잘 가르치고 자신도 잘 가르치는 스승입니다. 대부분의 스승은 첫 번째와 세 번째 사이에 있습니다. 아주 소수의 스승만이 네 번째 단계에 오르지요. 네 번째 스승은 '좋은 가르침', '바른 가르침'을 하는 스승이라고 할 수 있습니다. 그렇다면 앞의 스승들과 네 번째 스승을 가르는 차이는 무엇일까요?

"머리로 가르치면 저들의 머리를 바꿀 수 있다. 마음으로 가르치면 저들의 마음을 바꿀 수 있다. 삶으로 가르치면 저들의 삶을 바꿀 수 있다." 아멘입니다. 삶으로 가르쳐야 삶을 바꿀 수 있습니다. 그렇다면 좋은 가르침, 바른 가르침이란 삶으로 가르치는 가르침일 것입니다.

4차 산업혁명 시대, 5G 시대에 지식과 정보가 넘쳐 납니다. 무엇이든 궁금한 것은 손바닥만 한 스마트폰에서 찾을 수 있습니다. 정보는 지나치게 많습니다. 하지만 그 지식과 정보가 사람을 변화시키지는 못합니다. 오직 삶을 통한 가르침만이 사람을 변화시킵니다. 사람을 사람 되게 만듭니다.

예수님은 남도 잘 가르치고 자신도 잘 가르치는 스승이었습니다. 삶으로 가르쳐서 삶을 변화시키는 스승이었습니다. 그래서 예수님이 가르치실 때마다 듣는 사람들이 놀랐습니다.

> "예수께서 이 말씀을 마치시매 무리들이 그의 가르치심에 놀라니 이는 그 가르치시는 것이 권위 있는 자와 같고 그들의 서기관들과 같지 아니함일러라" 마 7:28-29

서기관은 잘해야 세 번째 유형의 스승이었습니다. 서기관들이 가르치는 방법은 머리를 뜨겁게 할 수는 있으나 사람들을 변화시킬 수가 없었습니다. 그렇다면 예수님은 구체적으로 어떻게 가르치셨습니까? 사도행전 1장 1절이 이 질문에 대한 답을 줍니다.

> "데오빌로여 내가 먼저 쓴 글에는 무릇 예수께서 행하시며 가르치시기를 시작하심부터" 행 1:1

누가는 예수님의 교육 방법에 대해서 '행하시며 가르치신다'고 설명했습니다. 그렇습니다. 예수님의 교육은 가르침보다 행함이 먼저였습니다. 예수님의 가르침이 서기관들과 다른 이유는 이 행함에 있었습니다. 예수님은 가르치기 위해서 말씀을 많이 하지 않으셨습니다. 단지 그렇게 사셨습니다. 삶은 말보다 더 크게 말하고 더 깊이 영향을 미칩니다. 누구든지 자신이 가지고 있지 않은 것을 다른 사람에게 줄 수는 없습니다. 불을 내기 위해서는 불을 가지고 있어야 합니다. 그러므로 좋은 가르침이란 가르치려고 하는 바대로 살아가는 것입니다. 삶으로 가르치는 것입니다.

앎과 삶은 통합되어야 합니다. 기독교 교육은 앎에 그 목적이 있는 것이 아니라 삶에 그 목적이 있습니다. 신학자 토머스 그룸(Thomas H. Groome)은 “기독교 종교 교육이란, 사람들에게 세상 속에서 하나님 나라를 섬기는 일에 신앙적으로 되도록 능력을 부여하는 일이다”라고 정의했습니다. 그는 삶에서 신앙으로, 그리고 신앙에서 삶으로 가는 교육 과정에 대해서 강조했습니다. 앎과 삶을 통합하는 교육과 양육을 강조한 것입니다.

저는 아이들을 만날 때마다 고민이 됩니다. ‘어떤 가르침이 좋은 가르침일까?’, ‘어떤 가르침이 바른 가르침일까?’ 자녀를 양육하는 그리스도인 부모와 교회학교에서 아이들을 맡은 교사들이 품어야 할 고민입니다. 좋은 가르침을 위해서 현시대에 대한 이해, 학생에 대한 이해, 교수법과 양육법에 대한 고민이 있어야 합니다. 하지만 가장 중요한 것은 삶으로 가르치는 것입니다. 그 어떤 가르침보다 삶으로 보여 줄 때 아이들은 깊이 이해할 것이며, 부모와 교사는 자신의 역할에 대한 자부심을 가지게 될 것입니다. 적어도 자신을 속이지는 않을 것입니다.

자녀는 부모의 그림자를 밟으며 성장한다

아이가 직업을 얻어 사회의 건전한 구성원이 되기를 바라면서 교육을 시키고 있습니다. 그러나 아이에게 이러한 능력뿐 아니라 신앙의 유산을 물려주고 싶은데 어떤 것부터 시작하면 좋을까요?

진정한 21세기는 2000년이 아니라 2020년에 시작됐다는 말이 있을 정도로 세계는 코로나19 이전과 이후로 갈리게 되었습니다. 특별히 교육에서의 변화는 놀라울 정도입니다. 교육의 주체가 되는 교사, 부모, 학생의 역할이 재정립되고, 교육의 중심 공간이 오프라인에서 온라인으로 바뀌게 되었습니다. 가장 큰 변화는 가정에서 일어났습니다. 가정이 학교가 되고, 교회가 되었습니다. 부모는 그 역할이 자녀를 학교와 교회로 보내는 사람에서 직접 가르치는 교사로 변화되었습니다. 이 때문에 부모는 변화에 적응하지 못하고 힘들어합니다. 그런데 생각해 보면, 이 변화는 부모를 본연의 자리로 되돌려 놓은 것입니다. 잠시 잊혔던 부모의 역할이 회복된 것입니다.

하나님은 믿음의 조상으로 '아브람'을 부르시고 그의 이름을 '아브라함'으로 바꾸셨습니다. 아브람이란 '큰 아버지'란 뜻입니다. 반면, 아브라함은 '열국의 아비'란 뜻입니다. 하나님은 아브라함을 통해서 이루어질 믿음의 후손들을 계획하신 것입니다. 사래 역시 마찬가지입니다. '사래'는 '공주'란 뜻입니다. 그런데 하나님은 그녀의 이름을 '사라'로 바꾸셨습니다. 그 뜻은 '열국의 어머니'입니다. 이름은 정체성을 담고 있습니다. 하나님은 믿음의 부모를 통해서 믿음의 다음세대가 일어날 것을 계획하신 것입니다.

> "내가 그로 그 자식과 권속에게 명하여 여호와의 도를 지켜 의와 공도를 행하게 하려고 그를 택하였나니 이는 나 여호와가 아브라함에게 대하여 말한 일을 이루려 함이니라" 창 18:19

하나님이 아브라함을 선택하신 이유는 아브라함을 통해 그 자식과 권속이 여호와의 도를 지켜 행하게 하기 위해서입니다. 하나님은 아브라함 한 사람만을 위해 그를 부르신 것이 아니라, 아브라함을 통해 시작된 다음세대를 위해 아브라함을 부르신 것입니다. 아브라함에게는 믿음의 세대 계승이란 엄중한 사명이 주어졌습니다. 마찬가지로 모든 부모에게는 이 거룩한 사명이 있습니다.

코로나19는 우리에게 부모의 역할을 다시 상기시켜 주었습니다. 위기는 항상 본질을 생각하게 합니다. 코로나19는 부모의 본질적 역할과 교육의 본질적 의미를 되찾게 해 주었습니다.

> "네 자녀에게 부지런히 가르치며 집에 앉았을 때에든지 길을 갈 때에든지 누워 있을 때에든지 일어날 때에든지 이 말씀을 강론할 것이며" 신 6:7

부모는 가정에서 자녀에게 모든 때를 따라 때에 맞는 하나님의 말씀을 가르쳐야 합니다. 이는 부모가 자녀를 따라다니며 계속 말씀을 가르치라는 뜻이 아닙니다. 그렇게 하면 자녀는 생명과도 같은 말씀을 잔소리처럼 여길 것입니다. 말이 아니라 몸으로 가르치라는 뜻입니다. 백문불여일견(百聞不如一見)이라고 했습니다. 자녀는 들은 대로 변화되지 않고 본 대로 변화됩니다. 부모로서 첫 번째 사명은 가르치는(Teaching) 것이 아니라 보여 주는(Showing) 것입니다. 성경은 말합니다.

> "오늘 내가 네게 명하는 이 말씀을 너는 마음에 새기고" 신 6:6

'마음에 새기라'는 말씀은 걸어 다니는 말씀의 사람으로 살라는 뜻입니다. 부모는 자녀에게 입으로 가르치는 사람이 아니라 행동으로 가르치는 사람입니다. 말로만 가르친다면 입술만 변화시킬 것입니다. 자녀가 말씀을 달달 암송하기는 하나 삶의 변화는 없을 것입니다. 행함으로 가르쳐야 인생을 변화시킬 수 있습니다.

사람은 보통 누군가 큰 잘못을 하면 '가정교육을 잘못 받아서 그런가?', '부모가 누구기에 저럴까?'라는 반응을 보입니다. 한 사람의 책임을 부모에게 돌리는 것입니다. 신앙교육 역시 마찬가지입니다. 하나님은 자녀의 삶에 대한 책임을 부모에게 물으실 것입니다. 부모 인생의 열매는 자녀입니다.

행함으로 자녀를 옳은 길로 인도하는 부모가 되길 바랍니다. 부모가 하나님을 따르면 자녀 역시 하나님을 따라갈 것입니다.

PART
3

가정의 거듭남

"오직 너는 스스로 삼가며 네 마음을 힘써 지키라
그리하여 네가 눈으로 본 그 일을 잊어버리지 말라
네가 생존하는 날 동안에 그 일들이 네 마음에서 떠나지 않도록
조심하라 너는 그 일들을 네 아들들과
네 손자들에게 알게 하라"
- 신 4:9 -

"오늘날 우리가 젊은이들을 잃고 있는 단 하나의 이유, 그것은 가정에서 더 이상 믿음을 전수하지 못하기 때문입니다. 부모들이여, 가정의 으뜸가는 목적은 당신의 자녀를 복음화하고 제자 삼는 것입니다. 자녀 양육에서 가장 소중한 이 요소를 외부에 위탁할 수는 없습니다."

토니 에반스(Tony Evans),
Raising Kingdom Kids: Giving Your Child a Living Faith

메타버스 세대를 교육하기 위한 30가지 부모 질문

부모 거듭남

가정예배는 저항이다

코로나19 이후에 가정예배의 중요성에 대해 교회와 언론을 통해 자주 접하게 됩니다. 그래서 가정예배가 필요하다는 것을 알겠는데, 구체적으로 실행하려고 하니 부담스럽습니다. 어떻게 해야 할까요?

월터 브루그만(Walter Brueggemann)은 그의 저서 『안식일은 저항이다』(복있는사람)에서 우리가 살아가는 이 세상을 모세 시대의 애굽과 비교했습니다. 애굽 왕 파라오의 횡포로 이스라엘 백성이 군사적 생산구조 패러다임 속에서 살아갔던 것처럼 현대인들도 상품 소비 시스템(System of Commodity) 속에서 더 소유하고, 더 많이 사용하고, 더 많이 먹기를 경쟁하며 살아간다는 것입니다. 이런 문화에 대한 저항이 바로 안식일입니다. 삶의 기반을 소유가 아니라 안식일, 즉 예배에 두어야 하는 것입니다. 그럴 때 안식일은 저항일 뿐만 아니라 대안이 됩니다.

가정예배 역시 이 시대 문화에 대한 저항이자 대안입니다. 이 시대는 가족 모임을 갈라놓습니다. 가족이 다 같이 모여 아침식사는 고사하고 일주일에 한 번 저녁식사 하기도 힘이 듭니다. 부모보다 자녀가 더 바쁩니다. 아이들은 아침 일찍 등교해서 늦은 밤까지 학원에서 공부하다 돌아와 쓰러져 잠드는 것이 일상입니다. 한국에서 살아남기 위해서 어쩔 수 없는 것이 아닌가 하는 생각이 들기도 하지만, 도대체 무엇 때문에 그렇게 온 세대가 경쟁적으로 살아야 한단 말입니까. 심지어 아기가 기저귀를 차기 시작할 때부터 경쟁을 한다니 이해하기 힘든 시대입니다.

2015년 한국기독교언론포럼에서 '학원 시간과 교회 시간이 겹칠 때 자녀가 교회에 빠질 수 있는지'에 대한 설문을 실시했습니다. 부모들의 46.4%가 '그렇다'라고 대답했습니다. 더 충격인 것은 교회 중직자의 경우 57.4%가 '그렇다'라고 답했습니다. 교회 중직자라면 하나님께 헌신한 사람들일 텐데 정말 놀랍습니다. 더욱 혼란스러운 결과는 목회자들의 응답입니다. 목회자의 경우는 무려 14.8%가 '그렇다'라고 답했습니다. 더 이상 할 말이 없습니다. 주일예배가 이러할진대 가정예배는 말해 무엇 하겠습니까!

가정예배는 이 세상의 가치에 대한 저항입니다. 가정예배는 이 세상의 가치관과 방법을 따라 살지 않겠다는 선포입니다.

이 세상의 방법이 아닌 하나님의 방법으로 우리 가정을 세우겠다는 선언이 가정예배입니다. 가정예배는 시간이 있으면, 상황이 좋아지면, 이 시기가 지나가면 드리는 것이 아니라 지금 여기서 시작해야 합니다. 이 시간, 이 상황, 이 시기에 드려야 합니다.

가정예배는 우리 가정이 누구에게 속해 있는지 확인하는 시간입니다. 우리 가정의 정체성을 선포하는 시간입니다. 가정예배를 드릴 때마다 우리는 우리 가정의 주인이 누구인지, 우리가 어떤 존재인지 확인할 수 있습니다.

> "한 사람이 두 주인을 섬기지 못할 것이니 혹 이를 미워하고 저를 사랑하거나 혹 이를 중히 여기고 저를 경히 여김이라 너희가 하나님과 재물을 겸하여 섬기지 못하느니라" 마 6:24

또한 가정예배는 우리 가정의 최우선 순위를 확인하는 시간입니다. 우리 가정이 가정예배를 드릴 시간에 세상의 가정은 흩어져서 더 많은 돈을 벌고, 더 높은 곳에 오르려 하고, 더 높은 점수를 얻기 위해 공부하고 있을 것입니다. 하지만 우리 가정은 가정예배를 통해서 돈, 지위, 학력보다 더 가치 있는 것을 추구합니다.

“너희가 어찌하여 양식이 아닌 것을 위하여 은을 달아 주며 배부르게 하지 못할 것을 위하여 수고하느냐 내게 듣고 들을지어다 그리하면 너희가 좋은 것을 먹을 것이며 너희 자신들이 기름진 것으로 즐거움을 얻으리라” 사 55:2

가정예배는 저항입니다. 가정예배로 이 세상의 가치에 저항함으로써 가정에 영적 기념비가 세워지길 바랍니다. 가정예배로 세워진 가정은 기꺼이 세상의 미움을 받을 용기를 갖습니다. 세상의 눈으로 보면 매력적이지도 않고 이 시대에 적응하지도 못하는 것처럼 보이겠지만 그것을 두려워하지 않는 가정이 되길 바랍니다. 아무리 바빠도 일주일에 꼭 한 번은 가정예배로 가정의 정체성을 명확히 하는 가정이 되길 바랍니다.

가정을 살려야
다음세대가 살아난다

교회 모임이 줄고 주일학교가 온라인 예배를 드리게 되면서 아이들이 예배하고 기도하는 기쁨을 잃어버리고 있습니다. 가정예배를 통해서라도 예배의 기쁨을 회복하고 싶은데 어떻게 하면 가정예배를 부담 없이 시작할 수 있을까요?

다음세대를 살려야 한다는 이슈는 어제오늘의 이야기가 아닙니다. 제가 어렸을 때도 다음세대에 대한 염려와 고민이 있었습니다. 그럼에도 작금의 상황은 이전과 전혀 다릅니다. 코로나19로 인해서 학교와 주일학교의 문이 닫히거나 교육이 제한적으로 진행되었습니다. 사실 교육의 공백기를 맞은 것입니다. 코로나19는 일상을 마치 전시 상황을 방불케 하는 것처럼 바꾸어 놓았습니다. 마스크를 써야 하고, 사람을 피해 다녀야 하며, 집 안에만 머물러 있어야 했습니다. 이런 시대에서 다음세대의 신앙은 어떻게 되었을까요?

장로회신학대학교의 김효숙 교수는 다음세대의 신앙 형성에 영향을 미치는 요인을 연구했습니다(2019년).[1] 자녀와 부모, 교사를 대상으로 설문 조사를 진행했는데 그 결과가 흥미롭습니다. 자녀는 자신의 신앙 형성에 결정적으로 영향을 준 요인으로 1위는 '주일예배', 2위는 '수련회 등 특별 교육'이라고 응답했습니다. 부모와 교사의 응답 순위는 같은데 1위가 '주일예배', 2위가 '가정의 신앙 분위기'입니다. 그런데 코로나19로 인해 주일예배는 위축되고, 수련회는 열리지 않습니다. 아이들의 신앙 형성에 결정적인 영향을 미치는 두 가지 모임이 사라진 것입니다. 그렇다면 아이들의 신앙 형성에 여전히 영향을 미치는 것은 무엇입니까? 바로 '가정의 신앙 분위기'입니다. '가정의 신앙 분위기'는 부모와 교사가 두 번째로 선택한 중요한 요인입니다. 따라서 포스트 코로나 시대에 아이들의 신앙 형성에 영향을 미치는 가장 중요한 요인은 '가정의 신앙 분위기'라고 할 수 있습니다.

물론 가정의 신앙 분위기는 코로나19 이전에도 신앙 형성에 굉장히 중요한 요인이었습니다. 예배는 가정에서 시작되었으며, 구약성경이나 신약성경을 보더라도 가정은 늘 신앙 형성의 가장 중요한 장소였습니다. 이후 기독교 역사에서도 가정은 교육의 중요한 기관이었습니다. 특별히 청교도들은 부모의 첫 번째 의무로, 영적 교사의 역할을 강조했습니다. 우리나라 초대

교회 역시 가정을 신앙 형성의 장소로서 강조했습니다. 1919년에 처음 발간된 「성경잡지」 제1권 1호의 첫 페이지에는 가정예배에 대한 설교문이 담겨 있습니다. 그 내용은 "가정예배는 도덕 근본상의 작용이요, 그리스도교의 일종 특색으로 수신제가의 요소다"[2]라는 문장으로 시작됩니다. 우리나라 기독교는 초기부터 가정예배를 신앙 형성의 중요한 요소로 보았습니다.

다음세대를 살리려면 먼저 가정을 살려야 합니다. 다음세대 사역과 가정 사역은 동전의 양면과 같습니다. 한국교회는 특별히 가족 종교화 모습이 강합니다. 목회데이터연구소의 조사(2019년 12월)에 의하면 교회 출석 중고생의 모태신앙 비율이 51%이고, 부모 중 한 사람이라도 개신교인 비율은 무려 85%나 됩니다. 이처럼 다음세대의 신앙 형성에 부모의 영향은 절대적입니다.

이제라도 한국교회는 부모 교육과 가정 교육에 투자해야 합니다. 부모가 가정에서 믿음으로 살아가도록 교육해야 합니다. 부모가 자녀의 신앙 형성에 긍정적인 영향을 미치도록 교회가 도와야 합니다. 부모가 주일학교 교사처럼 자녀들을 앉혀 놓고 성경을 가르쳐야 한다는 말이 아닙니다. 가정의 일상에 기독교 문화가 스며들게 해야 합니다.

쉬운 것부터 시작해 봅시다. 일주일에 적어도 두 번 이상은 온 가족이 함께 식사합시다. 식사 전에 부모 중 한 사람이 식사 기도를 하도록 합시다. 가정의 변화는 작은 것의 반복으로 시작됩니다. 그리고 일주일에 꼭 한 번이라도 가정예배를 드립시다. 비록 일주일에 한 번이지만 우리 가정의 신앙 형성에 결정적인 영향을 미칠 것입니다. 가정을 살려야 다음세대가 살아납니다.

주일학교 이전에 가정학교를 살려야 한다

아이는 학업을 위해 공교육과 사교육의 도움을 받습니다. 그런데 신앙교육은 오직 주일학교에만 의존하고 있는 게 현실입니다. 그렇다고 아이들의 신앙교육을 부모가 감당하기에는 어려움이 많아 고민입니다.

주일학교는 다음세대 교육의 중추적인 역할을 감당했습니다. 한국의 주일학교에 대한 첫 번째 역사적 자료는 스크랜턴 부인이 1888년 1월 15일 이화학당에서 어린이 열두 명과 성인 여자 세 명으로 시작한 것으로, 선교 본부의 서한에 기록되어 있습니다.[1] 주일학교의 수는 계속 증가하여 그 이후에는 교재도 사용했습니다.[2] 주일학교는 1907년 평양 대부흥운동과 함께 폭발적으로 증가했으며, 북장로교의 주일학교 학생 수는 1904년 2만 명 미만이었는데 1909년에는 10만 명에 육박했습니다. 5년 사이에 다섯 배로 성장한 것입니다.[3] 한국교회는 주일학교의 부흥과 함께 성장했으며, 주일학교는 부모들에게 자녀를 교육해야 한다는 확신을 주었습니다. 안타깝게도 주일학교는 일제 말기에 신사참배와 황국신민 교육을 강조하는 데 굴복함으로써 위축되었습니다. 그러다 해방 후 다시 활발하게 사역을 했습니다. 1960년대부터 기독교 교육학자들이 교육의 전문화를 주장하기 시작했으며, 신학대학교 내에 기독교 교육연구소를 만들어 각종 연구 조사, 실험 교육, 지침서 출판 등으로 기독교 교육의 전문화를 위해 자료를 제공했습니다.[4] 주일학교가 기독교 교육에 미친 영향은 실로 막대합니다.

그러나 주일학교의 영향이 커지면서 부모는 자녀 교육에 무관심하게 되었습니다. 부모의 역할이 단지 주일학교에 자녀를 출석시키는 것이 되었습니다. 가정과 교회는 단절되고, 주일학교와 가정이 분리되었습니다. 부모는 자녀 교육의 책임자이며 무엇보다 영적 교육을 우선으로 교육해야 하는데, 부모들 사이에서 자녀의 영적 교육은 주일학교가 담당하는 것으로 인식되었습니다.

원래 주일학교를 만든 이유는 가정교육을 대체하기 위한 것이 아니었습니다. 도리어 부모들에게 자녀 교육에 대한 관심을 불러일으키고 부모를 도와 자녀의 신앙이 성장할 수 있도록 돕는 것이었습니다. 한국교회는 초기부터 주일학교와 부모의 관계를 명확히 했습니다. 당시 선교사들은 부모의 자녀 교육에 대한 의무와 책임을 강조했으며, 「예수교신보」와 같은 매체를 통해 어린이들을 교육해야 한다며 부모의 교육적 역할을 호소했습니다.[5)]

우리는 주일학교 이전에 가정학교를 다시 살려야 합니다. 다음세대 교육에서 부모의 역할은 늘 중요했지만 위드 코로나 시대에는 절대적입니다. 2년 이상 온라인 예배가 일상화된 상황에서 부모의 도움 없이는 자녀의 신앙을 바로잡을 수가 없습니다. 합동 총회가 발표한 '코로나19 시대 전국 중고등학생들의 종교 영향도 인식 조사와 미래 인식 조사'를 보면 코로나19 기간에 청소년들의 불안감은 크게 증가했고(43.6%), 개인적인 영적 활동은 크게 감소했습니다. 온라인 예배에 대해서는 37.9%가 집중이 안 된다고 응답했습니다. 이러한 때 부모의 역할이 무엇보다 중요합니다. 부모가 교육의 주체가 되어서 가정에서 자녀와 함께 하나님의 말씀을 나누고 찬양하고 기도하고 생활을 지도해야 합니다.

가정에서 자녀가 예배드릴 때 부모도 함께 예배해야 합니다. 부모의 첫 번째 사명은 자녀를 제자화하는 것입니다. 하나님의 나라가 임해야 할 첫 번째 공간은 가정이고, 땅끝까지 이르도록 제자 삼아야 할 첫 번째 제자는 자녀입니다.

교회는 부모가 이런 역할을 잘할 수 있도록 교육하고 지도하고 지지해 줘야 합니다. 모든 부모는 가정이 천국이 되길 원하고, 자녀를 제자 삼기를 원합니다. 하지만 모든 부모는 연약합니다. 더 좋은 부모가 되길 원하지만 순간순간 무너집니다. 그래서 주일학교는 반드시 가정학교와 긴밀하게 연합하여 협력해야 합니다. 주일학교의 사명이 가정학교를 세우는 것은 아니지만 주일학교에게 주어진 사명을 완성하기 위해서는 반드시 가정학교를 세워야 하기 때문입니다. 교육 책임자로서 부모의 자리가 회복될 때 분명 다음세대는 회복될 것입니다.

가정에 임하는 하나님 나라

매년 새해가 되면 믿음의 가정이 되길 다짐합니다. 하지만 얼마 지나지 않아 좌절하곤 합니다. 부모로서 가정을 향해 어떤 마음을 품어야 할까요?

2새해는 늘 희망차지만 2022년은 더욱 특별했습니다. 2020년 초에 코로나19가 발발한 뒤 바야흐로 위드 코로나 시대가 도래한 해이기에 그렇습니다. 이제 본격적인 위드 코로나 시대를 맞은 우리는 어떤 마음가짐으로 나가야 할까요?

성경에는 새해가 두 가지 있습니다. 하나는 지금의 그레고리력으로 1월 1일을 말합니다. 다른 하나는 유대력으로 1월인 니산(Nisan)월 열네 번째 날에 시작하는 유월절을 말합니다. 그레고리력으로 따지면 보통 3월 말에서 4월 초 사이에 니산월 열네 번째 날이 있습니다. 이스라엘은 애굽에서 430년간 종으로 억압된 인생을 살았습니다. 하나님은 모세를 지도자로 세우고 이스라엘을 출애굽하도록 인도하셨습니다. 유월절은 어린 양의 피 흘림으로 죽음이 넘어감으로써(pass over) 구원을 얻은 것을 기념하는 절기이자 이스라엘의 새해입니다.

"이 달을 너희에게 달의 시작 곧 해의 첫 달이 되게 하고" 출 12:2

우리는 시간의 흐름으로 주어지는 새해보다 사망에서 구원을 얻어 새 생명을 얻게 된 새해를 더 가치 있게 여겨야 합니다. 하나님 안에서 새로운 생명을 얻은 그날부터 하나님과 함께하는 은혜의 날을 살아가기 때문입니다.

유월절로 맞이하는 새해가 갖는 또 다른 의미가 있습니다. 바로 하나님 나라의 회복과 확장입니다. 성경은 놀라울 정도로 완벽하게 통일된 책입니다. 성경은 66권, 1,189장으로 나눌 수 있지만 모든 내용이 '하나님 나라'를 중심으로 연결되어 있습니다. 국가를 구성하는 세 가지 요소는 국민, 영토, 주권입니다. 하나님 나라 역시 국민, 영토, 주권을 이해하는 것이 중요합니다.

하나님 나라의 첫 국민은 아담입니다. 하나님 나라의 땅으로 주어진 첫 번째 장소는 에덴동산입니다. 하나님 나라의 주권은 선악과 명령입니다. 하지만 첫 번째 언약의 당사자인 아담은 하나님의 명령을 어겨서 땅에서 쫓겨났습니다. 시간이 흘러

애굽 땅에서 노예로 살아가던 이스라엘은 제법 큰 민족이 되어 하나님의 은혜로 출애굽하게 됩니다. 출애굽은 단순히 애굽을 탈출한 것이 아니라 하나님의 백성이, 하나님이 주신 율법을 지키며, 하나님의 나라를 확장해 가는 놀라운 사건입니다. 즉 이스라엘이 출애굽하여 맞이한 새해는 하나님 나라를 회복하고 확장해 가는 새해인 것입니다.

우리의 가정에 하나님 나라가 충만히 임하길 소원합니다. 하나님 나라를 이루어야 할 첫 번째 땅은 가정입니다. 가족 구성원은 하나님 나라의 백성으로서 하나님의 말씀을 지켜 가정의 구석구석까지 하나님 나라를 확장해 가야 합니다. 예수님의 첫 번째 설교 주제도 '하나님의 나라'(막 1:15)였습니다. 예수님은 하나님 나라를 위해 기도하라고 말씀하셨습니다.

"나라가 임하시오며 뜻이 하늘에서 이루어진 것같이 땅에서도 이루어지이다" 마 6:10

우리가 사는 곳은 이 땅이지만, 우리의 시민권은 하늘에 있습니다(빌 3:20). 가정은 이 땅에서 경험할 수 있는 하나님 나라의 견본 주택이 되어야 합니다.

코로나19와 함께한 팬데믹은 우리에게 가정의 소중함을 일깨워 주었습니다. 위드 코로나 시대를 맞이한 지금, 하나님 나라가 임하고 확장하는 가정이 되길 축복합니다. 세상과 구별되어 하나님 나라를 경험하는 가정이 되길 소망합니다.

내 가정에 하나님 나라를 세우라

가정 불화로 늘 싸우는 모습만 보여 준 우리 부부가 이제라도 회개하고 아이들에게 좋은 본이 되고자 합니다. 가정을 다시 회복시키기 위해서 어떻게 해야 할까요?

하나님이 온 세상에 시간과 공간을 창조하셨습니다. 창세기 1-2장에는 천지창조 이야기가 기록되어 있습니다. 하나님은 창조하신 모든 것을 보고 기뻐하셨으나, 그중에서도 클라이맥스는 가정의 창조입니다. 하나님은 하나님을 경외하는 가정을 통해서 이 땅에 하나님 나라가 확장되길 원하십니다. 그리고 그 시작은 바로 이 글을 읽는 여러분의 가정입니다. 내 가정에서부터 하나님 나라가 뿌리 내리고 확장되어야 합니다. 이를 위해서 다음 두 가지는 필수입니다.

첫째, 작은 죄라도 회개해야 합니다.

하나님은 거룩한 분이기에 죄와 함께하실 수 없습니다. 하나님 나라는 회개라는 문을 통과해야만 들어갈 수 있습니다. 예수님이 이 땅에 오셔서 가장 먼저 하신 말씀도 '회개하라'였습니다.

"때가 찼고 하나님의 나라가 가까이 왔으니 회개하고 복음을 믿으라" 막 1:15

우리 가정에 하나님 나라가 임하길 원한다면 가정의 죄를 놓고 회개해야 합니다. 하나님 앞에서 옳지 않은 부부 관계와 자녀 관계를 맺고 있다면 회개해야 합니다. 가정의 영적 관리와 재정 관리가 성경의 기준에서 벗어나 있다면 무릎을 꿇어야 합니다. 죄의 문제를 해결하지 않고는 하나님 나라를 경험할 수가 없습니다.

죄는 가장 민감하게 다루어야 할 문제이지만, 그렇다고 과대평가해서도 과소평가해서도 안 됩니다. 있는 그대로 하나님의 방법대로 다루면 됩니다.

"또 새 영을 너희 속에 두고 새 마음을 너희에게 주되 너희 육신에서 굳은 마음을 제거하고 부드러운 마음을 줄 것이며" 겔 36:26

존 번연(John Bunyan)은 "넘어져 있는 사람은 넘어질 것을 두려워할 필요가 없다"라고 말했습니다. 우리 가정에 자라고 있는 죄의 잡초를 제거해야 합니다.

둘째, 한 알의 밀알이 되어야 합니다.

> "내가 진실로 진실로 너희에게 이르노니 한 알의 밀이 땅에 떨어져 죽지 아니하면 한 알 그대로 있고 죽으면 많은 열매를 맺느니라" 요 12:24

하나님 나라는 씨앗과 같습니다. 우리 가정에 하나님 나라가 시작되기 위해서는 누군가 한 알의 씨앗이 되어야 합니다. 한 알의 밀처럼 땅에 떨어져 죽어야 열매를 맺습니다. 세상의 모든 일이 그렇듯이 시작은 항상 어렵습니다. 모태신앙으로 자랐으나 결혼 후 몇 번의 위기를 겪고 나서 가정예배를 시작한 성도님의 이야기를 들은 적이 있습니다. 가정에 위기가 찾아왔을 때, 어머니가 혼자 식탁에서 가정예배를 드리시던 모습이 떠올랐다고 합니다. 형편은 넉넉하지 않았지만, 홀로 눈물 흘리며 예배하신 어머니 덕분에 가정이 평안했다는 것도 인정하게 되었다고 합니다. 부모가 자녀에게 줄 수 있는 최고의 선물은 가정예배입니다. 함께할 사람이 없다고 가정예배를 미룰 것이 아니라, 내가 먼저 한 알의 밀알이 되어야 합니다.

바리새인들이 하나님 나라에 대해서 질문했을 때 예수님은 이렇게 대답하셨습니다.

> "하나님의 나라는 너희 안에 있느니라" 눅 17:21

하나님 나라를 가장 생생하고 실감 나게 누릴 수 있는 공간이 우리 가정이기를 소망합니다. 짐 엘리엇(Jim Elliot)의 말은 옳습니다. "영원한 것을 얻기 위해 영원하지 않은 것을 버리는 자는 절대 어리석은 자가 아니다." 하나님 나라에 동참하기 위해서 버리는 것은 그 무엇도 아깝지 않습니다.

내 자녀의 영혼 관리

중학생 아들은 학교와 학원 등 모든 스케줄을 끝내고 집에 돌아오면 밥 먹고 잠자기 바쁩니다. 무엇보다 아이는 학원을 핑계로 주일학교도 자주 빠집니다. 결국 아이가 교회에 등을 돌릴 것 같아 걱정입니다. 아이가 신앙을 잃지 않고 성장했으면 좋겠는데 어떻게 해야 할까요?

자동차 계기판에 엔진 오일을 교환하라는 불이 켜졌습니다. 주행 거리를 보니 조금 더 달려도 될 것 같아 그대로 달리다 하마터면 엔진을 내릴 뻔했습니다. 이후로는 계기판의 신호를 엄격하게 지킵니다. 예방이 치료보다 낫습니다. 유비무환이기 때문입니다. 어떤 일이든 문제가 생기기 전에 관리하는 것이 중요합니다. 자동차 검진은 6개월에서 2년 안에 반드시 받아야 합니다. 건강검진은 2년에 한 번, 치아 스케일링은 6개월에 한 번 하는 것이 좋습니다. 암 역시 조기에 발견한 경우

90% 이상이 완치된다고 합니다. 그렇다면 영혼 관리는 어떻습니까?

우리는 몸을 다치면 곧바로 치료합니다. 손가락에 가시가 하나 박혀도 즉각 해결합니다. 하지만 영혼은 어떻습니까? 날로 황폐해져 가는데도 그냥 내버려 둡니다. 망가진 몸을 고치기 위해서는 부지런하면서 병든 영혼을 고치는 데는 게으릅니다. 건강 관리뿐만 아니라 영혼 관리도 중요합니다. 자녀의 성적 관리보다 영혼 관리가 더 중요합니다. 머리를 채우는 교육보다 가슴을 채우는 교육이 더 중요합니다. 부모로서 내 자녀의 영혼 관리를 어떻게 하고 있습니까?

부모는 자녀의 성적에 민감하게 반응하지만, 하나님은 우리 영혼의 상태에 민감하게 반응하십니다. 교회를 잘 다니고 있다고 해서 영적으로 건강한 것은 아닙니다. 교회의 출석률이 자녀의 믿음을 보장하지는 않습니다.

> "나더러 주여 주여 하는 자마다 다 천국에 들어갈 것이 아니요" 마 7:21

내 영혼 상태는 이만하면 됐다고 스스로 진단한다고 해서 건강한 것이 아닙니다.

"네가 말하기를 나는 부자라 부요하여 부족한 것이 없다 하나 네 곤고한 것과 가련한 것과 가난한 것과 눈먼 것과 벌거벗은 것을 알지 못하는도다" 계 3:17

자신의 영혼 상태를 느끼지 못할 정도로 무감각해질 수 있으며(엡 4:19), 그 결과 성령을 근심시킬 수 있습니다(엡 4:30).

부모는 무엇보다 자녀의 영혼 관리에 신경 써야 합니다. 최근 일주일간 자녀들과 대화한 내용을 돌이켜 봅시다. 어떤 대화를 나누었습니까? 부모로서 자녀에게 무엇을 상기시켜 주었습니까? "밥은 먹었어?", "공부는 했어?", "숙제는 다 했어?", "앞으로 계획이 뭐야?", "뭐 하고 싶어?" 또 어떤 대화가 있을까요? 모든 대화는 무엇인가를 상기시켜 주는 역할을 합니다. 지난 일주일간 자녀와 나눈 대화를 통해서 자녀에게 무엇을 상기시켜 주었습니까? 혹시 세상에서 성공하고, 세상에서 잘 살고, 세상에서 이름을 남기는 것에만 집중되어 있지는 않았습니까? 그렇다면 우리는 세상에 속한 사람들입니다.

부모로서 자녀와 나누는 대화는 이 세상이 아닌 하나님의 나라를 상기시켜 주는 것이어야 합니다. 영혼 관리의 중요성을 상기시켜 주어야 합니다. 하나님의 말씀을 생각나게 하는 대화를 해야 합니다.

“네 자녀에게 부지런히 가르치며 집에 앉았을 때에든지 길을 갈 때에든지 누워 있을 때에든지 일어날 때에든지 이 말씀을 강론할 것이며” 신 6:7

하나님은 부모가 자녀들과 대화할 때 그들이 하나님과의 관계를 인식할 수 있게 하기를 원하십니다. 우리는 영혼을 건강하게 관리하기 힘든 시대에 살고 있습니다. 지적 제국주의, 이분법적 사고, 빛바랜 복음, 종교화된 진화론, 조각난 헌신 등의 영향으로 자녀의 영혼은 휘청거리고 있습니다. 빈 땅을 내버려 두면 잡초가 나고 쓰레기가 쌓이듯이 우리 자녀를 세상에 가만히 놓아두면 영혼이 병들어 갈 것입니다. 잡초를 뽑아야 합니다. 쓰레기를 치워야 합니다. 땅을 기경하여 좋은 열매를 맺게 해야 합니다. 부모는 그 어떤 것보다 자녀의 영혼 관리에 헌신해야 합니다.

영적 유산을 물려주라

한국 사회에서 내 집 장만이 평생의 목표가 된 만큼 어린 자녀들의 청약저축을 가입하는 등 일찌감치 아이의 재테크를 위해 여러 방법을 모색하게 됩니다. 과연 무엇이 자녀들을 위한 올바른 재테크가 될 수 있을까요?

부모의 가장 큰 사명은 좋은 영적 유산을 자녀에게 물려주는 것입니다. 사실 모든 부모는 자녀에게 무엇인가를 물려줍니다. 또한 모든 자녀는 선대로부터 영향을 받습니다. 우선, 유전적 특성을 물려받지요. 혈액, 체질, 외모 등 형질을 부모로부터 물려받습니다. 때로 '나한테서 어떻게 이런 아이가 나왔나!' 할 만큼 너무 다른 자녀도 있지만, 부모에게서 완전히 자유로운 자녀는 없습니다. 생리적인 특성뿐만 아니라 내적인 기질, 성격, 성향, 습관을 물려받습니다. 특별히 이것만은 닮지 않았으면 하는 것을 얄궂게도 꼭 닮습니다. 영적 습관 또한 부모로부터 물려받습니다. 이미 자녀의 영성 형성에 가장 큰 영향을 미치는 사람이 부모라는 사실은 여러 연구를 통해서 증명되었습니다. 지금 이 순간에도 부모는 자녀에게 영향을 미치고 있습니다.

그렇다면 영적 유산이란 무엇일까요? 『하늘유산』(미션월드라이브러리)의 저자 오티스 레드베터는 영적 유산에 대해서 다음과 같이 정리했습니다. 첫째, 유산이란 누군가가 남겨 놓은 것, 어떤 행동이나 사건, 사람에 의해 비롯된 것을 의미합니다. 달리 말하면, 유산은 말보다 행동이 앞섭니다. 둘째, 영적 유산은 사건이 아니라 과정입니다. 셋째, 부모는 영적 유산을 형성하고 강화해야 하는 사람이며, 영적 실체는 가르칠 수 있는 것이라기보다는 포착하는 것입니다. 넷째, 그렇게 할 때 자녀는 눈에 보이지 않는 영적 삶의 실체를 분명히 깨달을 수 있습니다. 정리하면 영적 유산이란 부모가 자녀에게 주는 영적, 감성적, 사회적 상속물입니다.

이와 관련해서 유명한 두 집안 이야기가 있습니다. 바로 18세기의 조너선 에드워즈(Jonathan Edwards)와 맥스 주크(Max Juke) 가문의 이야기입니다. 조너선의 아버지는 목사였으며, 그의 어머니는 성직자의 딸이었습니다. 에드워즈 가에서 20세기 후반까지 14명의 학장, 100여 명의 대학교수, 100명이 넘는 변호사, 30명의 판사, 60명의 의사가 배출되었습니다. 그리고 100명이 넘는 성직자, 선교사, 신학자와 60여 명의 저술가가 나왔습니다. 이는 조너선 에드워즈의 삶이 자녀들에게 계속해서 영향을 미치고 있으며, 그의 가문만이 아니라 미국 사회 전반에 큰 영향을 미치고 있다는 증거가 됩니다.

이와 반대로 주크 가문에서는 18세기 이래 300명의 극빈자, 60명의 도둑, 130명의 유죄 판결을 받은 범법자, 55명의 성적 강박관념 환자, 7명의 살인범이 나왔습니다. 고작 20명이 직업 교육을 받았는데, 그중에서 10명이 교도소에서 교육을 받았습니다. 뉴욕주 정부는 주크 가문 때문에 입은 재정적 손실을 수백만 달러로 추산합니다.

이 사례는 부모 세대가 자녀에게 어떤 영향을 미치는가를 보여 주는 단적인 예입니다. 조너선 에드워즈는 목회자와 신학자, 선교사로서 늘 바쁜 삶을 살았지만, 그의 중대한 관심사에서 자녀의 영혼을 돌보는 일이 빠진 적이 없습니다. 에드워즈는 아침 예배 때 자녀들 각자의 눈높이에 맞는 성경 퀴즈를 냈습니다. 식사 때마다 가정예배를 드렸고, 아내 사라는 매일 서재에서 하루 일과를 정리하면서 남편과 함께 기도했습니다. 자녀들은 부모와 성경에 대해 이야기하는 것을 즐겼고, 부부는 함께 책을 보고 기도하면서 가정의 영적 분위기를 거룩하게 만들었습니다. 이런 일상이 그의 평생에 지속되었습니다. 평생 가난하게 살았지만, 자녀를 돌보는 일을 항상 최우선에 두고 살았고, 자녀들에게 영적 유산을 풍성하게 남겨 주었습니다.

영적 유산이야말로 부모가 자녀에게 줄 수 있는 최고로 값진 유산입니다. 영적 유산은 한계와 기한이 없는 영원한 가치가 있는 유산이기 때문입니다. 물질은 있다가도 없습니다. 그리고 많은 물질이 자녀들에게 도움이 된다는 보장도 없습니다. 도리어 독이 되기도 합니다. 하지만 영적 유산은 고갈되지 않고 평생 지속됩니다. 자녀들의 삶에 절대적인 영향을 미칩니다. 게다가 자녀의 자녀에게까지 영향을 미칩니다. 자녀들이 태어나 성장한 가정은 중요합니다. 하지만 앞으로 이루어야 할 가정이 더 중요합니다. 부모는 성공적으로 하늘 유산을 물려주어야 합니다.

슬기로운 가족 여행

요즘 캠핑이나 차박이 하나의 유행처럼 번지고 있습니다. 주말이나 휴가를 이용해 가족과 함께 일상을 벗어나 재충전과 쉼을 얻고자 합니다. 이때 쉼과 관계의 성장을 꾀하고 싶은데 참고할 수 있는 가이드가 있으면 좋겠습니다.

7, 8월은 우리에게 하프타임(Half Time)입니다. 한 해의 전반전을 열심히 달려오다가 7, 8월이 되면 많은 사람이 휴가와 방학으로 숨 한번 고르고 후반전을 준비합니다. 코로나19 때문에 휴가와 방학의 의미가 빛을 바랜 듯하지만, '쉼'에 대한 기대는 여전합니다. 휴가와 방학은 가족 여행과 직접 연결됩니다. 그리고 가족 여행은 교육을 위한 최적의 시간이므로 부모는 이 시간을 허비해서는 안 됩니다.

기독교 교육학자 찰스 포스터(Charles Foster)는 자신의 책 『*Educating Congregations: The Future of Christian*

Education』에서 강력한 신앙교육의 대안으로서 이른바 '사건적 교육'(eventful education)을 제시했습니다. 여기서 강력한 기독교 교육적 사건의 현장으로 네 가지를 설명했는데 다음과 같습니다.

첫째는 '표준적 사건'으로 주일예배, 정기 심방, 성례 교육 등과 같이 공동체 안에서 일상적으로 반복되는 사건들입니다. 둘째는 '절기적 사건'으로 사순절, 대림절, 추수감사절, 부활절, 성탄절 등 절기에 따라 공동체가 정기적으로 경험하는 사건들입니다. 셋째는 '특별한 사건'으로 결혼, 출산, 입학, 이사, 취직 등 회중이 삶의 다양한 상황에서 개인적 혹은 공동체적으로 경험하는 의미 있는 여정들입니다. 넷째는 '의외의 사건'으로 질병, 사고, 긴급 상담 등과 같이 예상하지 못한 사건들입니다. 일상에서 벌어지는 사건을 통해서 의미 있는 교육이 가능하다는 말입니다. 그런 의미에서 가족 여행을 하는 시간도 교육의 최적기라고 말할 수 있습니다.

가족 여행은 가족 놀이의 시간입니다. 사실 놀이는 아무런 목적이 없을 때 놀이로서 효과가 큽니다. 하지만 놀이에는 그 자체로 숨겨진 교육적 효과가 있습니다. 셰퍼(Charles Schaeffer)와 드루즈(Athena Drewes)는 『놀이의 치료적 힘』(시그마프레스)에서 놀이의 힘을 강조합니다. 놀이는 첫째, 의사소통을 촉진시킵니다(자기표현, 무의식에 접근, 직접적인 가르침과 간접적인 가르침).

둘째, 정서적인 건강을 증진합니다(카타르시스, 정서적 해방, 긍정적 정서, 두려움에 대한 반대 조건 부여, 스트레스 예방과 관리). 셋째, 사회적 관계를 확대합니다(치료적 관계, 애착 형성, 사회적 경쟁력, 공감). 넷째, 개인의 힘을 키워 줍니다(창조적인 문제 해결, 회복력, 도덕성 개발, 심리적 발달의 가속, 자기 통제, 자아 존중). 따라서 놀이는 최고의 교육 현장입니다.

이번 가족 여행을 패밀리 캠프(Family Camp)로 준비해 보는 것도 좋겠습니다. 'Family Camp'라고 해서 거창한 것이 아닙니다. 단지, 여행 중에 몇 가지 의미 있는 시간을 가져 보는 것입니다. 예를 들면, 다음과 같은 것을 할 수 있습니다.

먼저, 출발 전에 차를 타고 안전한 여행이 되도록 기도합니다. 도착 후에는 안전하게 인도하신 하나님께 감사의 기도를 합니다.

저녁에 가족 세족식을 진행합니다. 자녀의 발을 닦아 주며 그동안 표현하지 못한 사랑을 고백합니다.

또한, 특별한 시간을 정해서 전반기를 평가하고 후반기에 대한 계획과 다짐을 세워 봅니다.

핸드폰 안에 저장된 가족사진을 보며 지난날의 추억을 나눕니다.

그리고 가정예배를 드립니다. 가족 여행 중에 드린 가정예배는 평생의 영적 자양분이 될 것입니다.

위의 활동을 다 할 필요는 없지만, 상황에 맞게 몇 가지를 선택해서 해보면 좋습니다. Family Camp에 대한 더 자세한 도움을 원한다면 꿈미 홈페이지(www.coommi.org)를 방문해 보십시오. Family Camp에 관한 많은 자료가 준비되어 있습니다.

가족 여행 중에 관계의 질을 높이는 정서적인 표현을 많이 해 주기 바랍니다. 자녀의 전인격적인 성장에 도움이 되도록 여행을 준비해 보십시오. 무엇보다 하나님이 기뻐하실 만한 여행이 되도록 기획해 보기 바랍니다. 분명 평생 잊을 수 없는 가족 여행이 될 것입니다.

절기 교육은 놓칠 수 없는 적기 교육이다

부활절이나 성탄절에 어떻게 가정에서 아이와 시간을 보내야 할지 모르겠습니다. 좀 더 의미 있게 가족과 함께 절기를 보내는 방법이 있을까요?

자녀 교육을 위한 적기가 있습니다. 제때 교육함으로 교육 효과가 상승하는 순간입니다. 예를 들면, 아이들이 무엇인가 잘했거나 실수했을 때, 어떤 주제에 대해 흥미를 보일 때, 아이들이 속한 공동체에 큰 변화가 일어났을 때, 가정에서 중요한 결정을 해야 할 때가 그때입니다. 이때가 바로 '가르칠 순간'(Teachable Moment)이며, 학습 효과가 큰 때입니다. 환경 자체가 교육의 적기이기 때문입니다. 그런 의미에서 절기는 신앙 교육을 위한 '교육 환경'(Education Ecology)을 제공하는 교육의 적기입니다. 절기 속에 이미 교육적 요소들이 풍부합니다. 때문에 절기 교육은 놓칠 수 없는 적기 교육입니다.

하나님은 절기를 제정하셔서 그분의 자녀들이 하나님이 베푼 은혜를 오감(五感)으로 경험하도록 하셨습니다. 구약 시대부터 절기는 가정을 중심으로 행해졌고, 부모는 자녀와 함께 절기를 지킴으로써 하나님 나라의 백성으로서 민족적 정체성을 계승했습니다. 절기는 신앙생활의 이정표 혹은 시간표와 같은 것으로 일상에서 하나님과 구체적인 만남을 경험하는 통로입니다. 권혁승 교수는 절기를 지구의 자전과 공전에 비유했습니다. 일주일 단위의 안식일이 신앙생활의 '자전'이라면 1년 단위의 절기는 신앙생활의 '공전'이라고 합니다. 지구가 일정한 자전과 공전에 의해서 유지되는 것처럼 신앙생활 역시 주일예배와 절기 예배 간의 조화가 중요합니다.

보통 4월은 부활절이 있고, 12월은 성탄절이 있습니다. 그래서 4월과 12월은 예수님에 대해 더 많이 생각하는 '교육 환경'을 제공하며, 예수님에 대해서 '가르칠 순간'입니다. 4월과 12월뿐만 아니라 기독교에는 다양한 절기가 있습니다. 3월은 사순절, 4월은 고난주간과 부활절, 6월은 성령강림 주일, 7월은 맥추 감사절, 11월은 추수감사 주일, 12월은 대림절 등이 있습니다. 이때 부모는 자녀와 자연스럽게 이 절기와 관련된 이야기를 나누어야 합니다. 절기 자체가 자연스러운 교육 환경을 제공하기 때문입니다. 이야기는 공동체를 견고하게 하는 힘이 있습니다. 김재은 교수는 『기독교 성인교육』(한국기독교교육학회)

에서 이야기가 가지는 교육적 속성을 다섯 가지로 말했습니다.

첫째, 이야기는 정체성을 형성해 줍니다. 둘째, 이야기는 참여 정신을 촉진합니다. 셋째, 이야기는 상상력을 개발합니다. 넷째, 이야기는 인간 이해의 지평을 확장시킵니다. 다섯째, 이야기는 실천력을 증대시킵니다.

기독교는 이야기의 종교라고 해도 과언이 아닙니다. 가정 안에 하나님의 이야기가 풍성해야 하고, 자녀들에게 계승되어야 합니다. 이 시대의 가장 큰 문제는 전해야 할 하나님 이야기가 끊어진 것입니다. 성탄절에도 예수님 이야기가 아닌 세상 이야기가 가득합니다. 교회 공동체에서 하나님 이야기가 단절되면 믿음이 단절됩니다. 교회 공동체가 가지고 있는 문화와 언어들이 연속적으로 공유될 때 신앙은 자연스럽게 전수됩니다.

예를 들어 12월 한 달 동안 가족 활동을 이렇게 해 보기를 바랍니다.

첫째, 집의 분위기를 성탄절 분위기로 바꿔 봅니다. 이때 장식은 예수님을 생각나게 하는 것으로 합니다. 둘째, 대림절 기간 동안 가족과 함께 복음서를 통독하면서 예수님에 대해서 이야기해 봅니다. 셋째, 이웃에게 예수님의 사랑을 알리고 소개하는 시간을 갖습니다. 한국에서 성탄절은 19세기 후반에 처음 들어와 지킬 때부터 이웃에게 복음을 전하는 통로이자 신앙 계승의 시간이었습니다. 이웃과 작은 사랑의 선물을 나눠

보기를 바랍니다.

절기는 교회 공동체의 뿌리를 기억하고, 추상적인 믿음을 삶 속에 구체화하는 시간입니다. 신앙 계승을 위한 교육의 적기입니다. 절기 교육을 통해 예수 그리스도 안에서 가정이 하나 되고, 가정의 정체성이 더욱 견고해지기를 바랍니다.

자녀와 함께 성경을 읽으라

교회를 열심히 다니고 예배를 드리면서도 아이가 아직 성경 구절을 찾지 못합니다. 연극처럼 성우가 드라마틱하게 읽어 주는 성경이 최고라고 합니다. 어떻게 아이들에게 바른 성경 읽기를 지도할 수 있을까요?

기독교를 흔히 책의 종교라고 합니다. 신학자 스코트 스웨인(Scott Swain)은 "성경은 하나님이 세상에서 자기를 전하는 최상의 현장이다"라고 말했습니다. 하나님은 성경을 통해 자신을 알리고 성도를 모으며 양육하십니다. 그러므로 그리스도인은 성경의 사람입니다. 현 기독교 교육의 가장 큰 문제점은 성경 문맹률이 높아지고 있다는 것입니다. 어느 순간부터 스마트폰이 성경을 대체하면서 예배 시간에도 성경책을 펴는 사람을 찾아보기 어려운 지경이 되었습니다. 다음세대의 성경 문맹률은 성경 문해력 저하로 이어져 성경을 읽어도 의미를 알 수 없고, 자신의 삶에 적용하지도 못하는 사태에까지 이를 것입니다. 성경 전체 이야기를 모르고 파편적으로 아는 지식들이 뒤엉켜 성경을 어렵거나 졸린 책 정도로 여기게 되는 겁니다. 그러나 성경은 그 어떤 책보다 흥미롭고, 생명력이 넘치며, 변화의 역동성을 경험하게 해 줍니다. 부모로서 진정 자녀를 위한다면 무엇보다 성경을 함께 읽고, 쓰고, 암송해야 합니다.

4차 산업혁명 시대라고 해도 학습은 기본적으로 아날로그 방식으로 이루어집니다. 읽고 쓰고 암기하기가 기본입니다. 성경을 읽고 쓰고 암기할 때, 우리는 성경을 통해 세상을 보고 성경대로 살아갈 수 있습니다. 좋은 고전 한 권을 읽는 것은 역사적으로 가장 지혜로운 사람과 사귀는 것과 같습니다. 당대에 양서 한 권을 읽는 것은 현시대에 가장 지혜로운 사람의 지혜를 자기 것으로 습득하는 것과 같습니다. 성경을 읽는다는 것은 창조주 하나님을 알아 가고, 인류 역사의 과거와 현재와 미래의 흐름을 알아 가는 것입니다. 그러므로 참된 부모라면 자녀들에게 성경을 선물하고, 그것을 읽을 줄 아는 능력을 키워 주어야 합니다. 성경을 읽지 않고 하나님의 뜻을 찾을 수는 없습니다. 성경을 읽지 않고도 기도할 수는 있지만 하나님의 뜻을 구하는 기도를 할 수는 없습니다. 성경을 읽지 않고 인생의 목표를 세울 수는 있지만, 그것은 자기 욕망을 실현하기 위한 것일 수밖에 없습니다. 성경을 읽지 않고 하나님의 자녀로 살아갈 길이 없습니다. 그러므로 부모는 가정에서 자녀와 함께 성경을 읽어야 합니다. 일단 두 가지 방법을 권합니다.

첫째, 가정에서 성경 읽기 문화를 만들어야 합니다.

그 출발은 부모가 먼저 가정에서 성경을 읽는 것입니다. TV와 스마트폰을 끄고 부모가 먼저 성경을 읽기 바랍니다. 학습이 일어나기 위해서는 먼저 학습 공간을 디자인해야 합니다. 다음은 알베르트 아인슈타인이 한 말입니다. "나는 학생들을 가르치지 않는다. 학생들이 학습할 수 있는 환경을 제공할 뿐이다." 부모의 신앙은 자녀 신앙의 모판입니다. 자녀가 성경 읽기를 원한다면 부모가 먼저 성경의 사람이 되어야 합니다. 자녀가 성경을 읽게 하기 위한 가장 큰 동기는 부모의 삶입니다.

둘째, 주기적으로 성경을 읽고 토론하는 시간을 가져야 합니다.

하나님의 형상으로 지음 받은 자녀는 하나님의 말씀에 대한 갈증이 있습니다. 또한 내면에 하나님의 말씀대로 살고자 하는 깊은 욕구가 있습니다. 부모가 이를 도와주어야 합니다. 성경은 말씀합니다.

"모든 성경은 하나님의 감동으로 된 것으로 교훈과 책망과 바르게 함과 의로 교육하기에 유익하니" 딤후 3:16

자녀 교육과 관련된 모든 것이 성경 안에 있다는 뜻입니다. 우리 아이들이 하루에 세 시간 이상 스마트폰을 보도록 방치함으로써 디지털 정크푸드로 그들의 영혼을 채워서는 안 됩니다. 사람은 끊임없이 이미지를 복제하며 살아갑니다. 특히 스마트폰을 통해 정화되지 못한 이미지를 지속적으로 보면, 그 이미지를 복제하고 그 이미지대로 살고 싶다는 욕망이 일어납니다. 성경 읽기를 통해 영혼의 찌꺼기를 배출해야 합니다. 성경을 묵상할 때 예수님의 이미지를 닮아 예수님처럼 살고 싶다는 소망이 일어날 것입니다.

성경은 광야 같은 삶의 구름기둥이고 불기둥입니다. 부모는 자녀와 늘 함께할 수 없습니다. 자녀의 모든 삶에 대해 조언하는 것도 불가능합니다. 그러므로 부모로서 자녀에게 해 줄 수 있는 가장 큰 선물은 성경입니다. 자녀가 성경을 인생의 구름기둥과 불기둥 삼아 하나님의 뜻을 분별하도록 도와주어야 합니다. 자녀와 함께 성경을 읽고 쓰고 암기하길 축원합니다.

에필로그

이 글을 쓰고 있는 지금(2022년 4월 18일), 2020년 이후 2년간 시행되던 신종 코로나19바이러스 감염증 거리두기 등 방역 수칙이 해제되었습니다. 이날을 얼마나 기다렸는지 모릅니다. 이에 따라 사적 모임과 다중이용시설을 자유롭게 이용할 수 있게 되었습니다. 물론 마스크를 써야 하지만 학교와 교회 모임 역시 2020년 이전과 같이 가질 수 있게 되었습니다. 2년간 모든 사람이 다 수고했지만, 이 땅의 부모들의 수고에 깊은 감사를 드립니다. 2년간 경제적인 어려움, 관계적인 어려움, 무엇보다 교육적인 어려움이 컸을 텐데 부모들의 헌신으로 한 고비를 넘기게 되었습니다. 아직 시간이 좀 걸리겠지만 학교와 교회는 예전과 같은 모습으로 돌아갈 것입니다. 하지만 절대로 돌이킬 수 없는 것이 바로 자녀 교육에 있어서 부모의 중요성입니다.

코로나19가 우리에게 고통만 준 것이 아니었습니다. 코로나19는 자녀 교육에 있어서 부모의 중요성을 일깨워 주었습니다. 2년간 비싼 교육비를 들여 깨달은 교훈을 절대로 잊어서는 안 됩니다. 일반 부모에서 기독 부모로 거듭나야 합니다. 기독 부모로서 그 무엇보다 자녀의 영혼에 깊은 관심을 가져야 합니다.

5월 가정의 달이 되면 교회에서 꼭 한 번은 찬송가 199장을 부릅니다.

나의 사랑하는 책 비록 해어졌으나
어머니의 무릎 위에 앉아서 재미있게 듣던 말
그때 일을 지금도 내가 잊지 않고 기억합니다
…
이 성경 심히 사랑합니다

제가 어렸을 때는 이 찬양을 부를 때 별다른 감동이 없었습니다. 어머니의 무릎 위에 앉아서 성경을 읽은 경험이 없기 때문입니다. 이 찬양을 부를 때 감성적인 감동은 없었지만, 의지적인 다짐은 있었습니다. '내 자녀에게는 이 찬양을 부를 때 감동이 있도록 영적인 추억을 만들어 주자!' 감사하게도 두 딸은 청소년부서 찬양팀이 되었고, 우리 가정은 가정에서 가정예배를 드리고 찬양을 부르는 것이 자연스러운 가정이 되었습니다. 이 책을 읽는 모든 가정마다 찬송가 199장을 부를 때 깊은 감동이 있기를 바랍니다. 거듭난 부모 밑에서 자란 자녀들은 결국 이처럼 찬양하게 될 것입니다.

그때 일은 지나고 나의 눈에 환하오
어머니의 말씀 기억하면서
나도 시시때때로 성경 말씀 읽으며
주의 뜻을 따라 살려 합니다
귀하고 귀하다 우리 어머니가 들려주시던
재미있게 듣던 말 이 책 중에 있으니
이 성경 심히 사랑합니다 찬송가 199장 4절

모든 기독 부모를 축복합니다.

주

PART 3 가정의 거듭남

가정을 살려야 다음세대가 살아난다

1) 김효숙, "초(超)시대의 교회의 선교적 과제: 자녀-부모-교사 간 상호적 소통을 중심으로", 「선교와 신학」(2019, 제49집), 83-111.

2) 고사죽, "가정예배", 「성경잡지」(1918, 제1권 1호, 조선야소교서회), 1.

주일학교 이전에 가정학교를 살려야 한다

1) 정웅섭·박영신, 『주일학교 200년의 의미』(기독교선교교육원, 1981년), 69.

2) 곽안련, 『한국교회사』(대한기독교서회, 1973), 166.

3) 박용규, 『평양대부흥운동』(생명의말씀사, 2000), 674.

4) 은준관, 『기독교교육 현장론』(한들출판사, 2007), 141-142.

5) 기독교학교교육연구소, 『평양대부흥운동과 기독교학교』(예영커뮤니케이션, 2007), 22-23.

부모 거듭남

초판 1쇄 발행일 2022년 5월 10일
재판 1쇄 발행일 2023년 3월 9일

발행인 김은호
지은이 주경훈
발행처 도서출판 꿈미
등록 제2014-000035호(2014년 7월 18일)
주소 서울시 강동구 양재대로81길 39, 202호
전화 070-4352-4143, 02-6413-4896
팩스 02-470-1397
홈페이지 http://www.coommi.org
쇼핑몰 http://www.coommimall.com
메일 book@coommimall.com
인스타그램 @coommi_books

ISBN 979-11-90862-58-5 03230

* 책값은 뒤표지에 있습니다.
* 이 책은 도서출판 꿈미에서 만든 것으로 저작권법의 보호를 받으며 무단 전재 및 복제를 금합니다.

도서출판 꿈미는 가정과 교회가 연합하여 다음 세대를 일으키는 대안적 크리스천 교육기관인 사단법인 꿈이 있는 미래의 사역을 돕기 위해 월간지와 교재, 각종 도서를 출간합니다.